我们的“一带一路”

丝 路 青 年 论 坛
丝路国际智库交流中心 编

红旗出版社

图书在版编目（CIP）数据

我们的“一带一路”/丝路青年论坛，丝路国际智库交流中心编.
—北京：红旗出版社，2018.10
ISBN 978-7-5051-4785-0
Ⅰ.①我… Ⅱ.①丝…②丝… Ⅲ.①“一带一路”-国际合作-研究-中国
Ⅳ.①F125
中国版本图书馆CIP数据核字(2018)第233893号

书　　名　我们的“一带一路”
编　　者　丝路青年论坛　丝路国际智库交流中心

出 品 人　唐中祥　　责任编辑　张明林
总 监 制　褚定华　　封面设计　张晓敏
出版发行　红旗出版社　　地　　址　北京市沙滩北街2号
邮政编码　100727　　编 辑 部　010-57274597
E-mail　hongdubolianshengs@sina.com
发 行 部　010-57270296
印　　刷　北京卓诚恒信彩色印刷有限公司
开　　本　710毫米×1000毫米　1/16
字　　数　240千字　　印　　张　17.75
版　　次　2020年2月北京第1版　　2020年2月北京第1次印刷
ISBN ISBN 978-7-5051-4785-0　　定　　价　48.00元

欢迎品牌畅销图书项目合作　联系电话：010-57270270
凡购本书，如有缺页、倒页、脱页，本社发行部负责调换

编委会名单

和平与发展是全人类的共同愿望

推动全球治理体系朝着更加公正合理方向发展，才能为世界和平与发展创造更加有利的条件。自从 2013 年秋天习近平主席提出“一带一路”伟大倡议以来，“一带一路”从规划走向实践，从愿景变为行动，进展和成果超出预期，朋友圈越来越广，合作伙伴越来越多，各方诉求也越来越多元。共建“一带一路”为完善全球治理体系变革提供了新思路新方案，中国机遇和中国影响力正把“一带一路”沿线国家带向世界经济舞台的中央。

2017 年 5 月 14 日至 15 日，习近平主席在北京出席“一带一路”国际合作高峰论坛开幕式上，习近平主席强调，“一带一路”建设向所有朋友开放，不论来自亚洲、欧洲，还是非洲、美洲，都是“一带一路”建设国际合作的伙伴。在推进 2018 年 8 月 27 日举行的“一带一路”建设工作 5 周年座谈会上，习近平总书记科学把握世界大势，着眼人类和平与发展，深刻阐述了共建“一带一路”的世界意义，高度评价了共建“一带一路”的重要作用。他强调，共建“一带一路”之所以得到广泛支持，反映了各国特别是广大发展中国家对促和平、谋发展的愿望。共建“一带一路”是经济合作倡议，不是搞地缘政治联盟或军事同盟；是开放包容进程，不是要关起门来搞小圈子或者“中国俱乐部”；

是不以意识形态划界，不搞零和游戏，只要各国有意愿，我们都欢迎。2019年4月25日至27日，中国在北京主办第二届“一带一路”国际合作高峰论坛，习近平主席发表了四次讲话，阐述如何高质量推进“一带一路”。习近平强调，无论是顺境还是逆境，无论前方是坦途还是荆棘，我们都要弘扬伙伴精神，不忘合作初心，坚定不移前进。我们都应该抱有这样一个信念：各国人民都应该拥有一个更加美好的未来，共建“一带一路”一定会迎来一个更加美好的世界。

百尺竿头、更进一步，共建“一带一路”致力建设和平之路、繁荣之路、开放之路、绿色之路、创新之路、文明之路。近六年来，习近平主席从这六个方面描绘了“一带一路”建设的美好愿景和前进方向。我们携手着力推动合作共赢，打造对话不对抗、结伴不结盟的伙伴关系，努力将“一带一路”建成和平之路；着力聚焦发展这个根本，推动经济大融合、发展大联动、成果大共享，努力将“一带一路”建成繁荣之路；着力打造开放型合作平台，促进生产要素有序流动、资源高效配置、市场深度融合，努力将“一带一路”建成开放之路；着力加强生态环保合作，建设生态文明，共同实现联合国2030年可持续发展目标，努力将“一带一路”建成绿色之路；着力推动创新驱动发展，优化创新环境、集聚创新资源、打造创新高地，努力将“一带一路”建成创新之路；着力深化多层次人文交流，推动各国相互理解、相互尊重、相互信任，努力将“一带一路”建成文明之路。一条承载着各国人民希望的圆梦大道，在探索中不断前进，在发展中日臻完善，愈走愈宽广。我们深刻感受到，国际社会认同、支持、参与“一带一路”的热情越来越高，共识越来越多。更重要的是，无论是沿线国家领导人、驻华大使和外交官，还是各个友好国家的代表们，都看好“一带一路”建设前景，都希望以“一带一路”为契机，以共建“一带一路”为平台，找到应对挑战的方案，凝聚共同发展的动力，推进实实在在的合作。

“一带一路”已经成为全球瞩目的关键词，不论是身在国内，还是远在海外，都能切实感受到这一伟大倡议带来的深远影响。丝路国际智库交流中心和丝路青年论坛以此为契机，书面采访了多位中外大使，他们从各自的角度畅谈了自己眼中的“一带一路”；特别是各位外国驻华大使，全面论述了他们的祖国与中国在共建“一带一路”中的新机遇。来自不同文化背景、拥有丰富多元思维视角的中外使节们在《我们的一带一路》中聚在一起，共同讨论我们所面临的挑战，探讨如何建立一个美好的世界和更加美好的未来。书中不仅在国家层面，就目前的国际形势探讨了“一带一路”所取得的成就；更站在经世济民的角度，为把“一带一路”政策惠及更多的国家与人民提出了切实可行的建议。衷心希望通过这种中外思想与文化交流，以及媒体出版的形式，来携手共筑民心“丝路”。

我们相信，沿着这一方向走下去，经过大家共同努力，“一带一路”的美好愿景一定能够完全实现。

目 录

齐心开创共建“一带一路”美好未来

——在第二届“一带一路”国际合作高峰论坛开幕式上的主旨演讲 …… 习近平 1

习近平谈“一带一路” …… 8

◆“一带一路”高端访谈◆

世界需要共建“一带一路” …… 柬埔寨首相洪森 18

中国“一带一路”是世纪工程 …… 俄罗斯总统普京 20

得益于中国的“一带一路”倡议 …… 白俄罗斯总统 卢卡申科 22

给中国也给世界各国带来了机会 …… 奥地利前总理库尔茨 24

愿希腊成为连接东西方的桥梁 …… 希腊总理齐普拉斯 26

新加坡能够为“一带一路”建设作出贡献 …… 新加坡总理李显龙 27

“一带一路”倡议有助于促进各国经济发展和繁荣

…… 阿塞拜疆总统阿利耶夫 29

“一带一路”倡议具有实际意义 …… 智利总统皮涅拉 31

“一带一路”带来投资机会和共同繁荣

…… 塞浦路斯总统阿纳斯塔夏季斯 34

“一带一路”倡议是一项创举 …………… 捷克总统米洛什·泽曼 35

匈牙利成为欧盟第一个参与“一带一路”倡议的国家

…………………………………………… 匈牙利总理维克托 37

“‘一带一路’是前景广阔的伟大倡议”

………………………………… 哈萨克斯坦首任总统纳扎尔巴耶夫 39

期待“一带一路”建设为肯中经贸合作注入新的活力

…………………………………………… 肯尼亚总统肯雅塔 41

感谢朋友在困难时帮助 ………………… 缅甸国务资政昂山素季 42

“一带一路”开垦人类的美丽花园 ……………… 尼泊尔总统班达里 44

巴新愿搭乘“一带一路”发展快车 …… 巴布亚新几内亚总理奥尼尔 46

◆中外大使谈“一带一路”◆

中国与白罗斯:同呼吸共命运 ………… 鲁德·基里尔·瓦连其诺维奇 48

“一带一路”的交汇点——伊朗 …………………………… 华黎明 59

中斯友谊万古长青…………………… 卡鲁纳塞纳·科迪图瓦库 69

文莱:“海上丝绸之路”的好伙伴 ………………………… 刘新生 79

丝绸之路和琥珀之路交响曲 ……………………………… 刘彦顺 90

大得人心的倡议 ……………………………………… 陆树林 104

尼泊尔—中国促进地区和平与繁荣的关系

………………………………………… 利拉·马尼·鲍德尔 115

“一带一路”扬帆远航 中国拉美跨洋圆梦 ………………… 汤铭新 137

西路东风——“一带一路”上的白罗斯 ………………… 吴虹滨 147

“一带一路”上的阿拉伯国家:阿曼 ………………………… 赵学昌 156
拉丁美洲与“一带一路” ……………………………………… 朱祥忠 163
丝路上的阿拉伯人……… 穆罕默德·阿卜杜·阿里·贾比尔·莎菲 173
共建“一带一路” 助力中欧合作提质升级 ……………… 马克卿 186
“中国的发展给世界带来共赢” ……………………………… 唐国强 193
土耳其国父凯末尔 ……………………………………………… 吴克明 198
一带一路上的珍珠——汤加 ………………………………… 胡业顺 204
丝绸之路经济带上的一颗璀璨明珠土库曼斯坦 …………… 殷松龄 210
中法友谊见证:龙的重生 ……………………………………… 张国斌 215
探秘留尼汪——故土难离,海外华人成长记 ……………… 张国斌 227
“一带一路”将成为中国与欧洲合作的新亮点 …………… 孙海潮 235
怎样看独特的俄罗斯 ………………………………………… 周晓沛 244
从那套红都西装想到的 ……………………………………… 周晓沛 256

◆媒体聚焦“一带一路”◆

中国开放之门越开越大
——一论学习领会习近平主席在第二届“一带一路”国际合作高峰论坛
开幕式上关于扩大对外开放的重要讲话精神…… 人民日报评论员 260
让中国成为全球知识价值实现的热土
——二论学习领会习近平主席在第二届“一带一路”国际合作高峰论坛
开幕式上关于扩大对外开放的重要讲话精神…… 人民日报评论员 263

中国市场 世界机遇
——三论学习领会习近平主席在第二届“一带一路”国际合作高峰论坛
开幕式上关于扩大对外开放的重要讲话精神…… 人民日报评论员 266
为全球经济治理贡献正能量
——四论学习领会习近平主席在第二届“一带一路”国际合作高峰论坛
开幕式上关于扩大对外开放的重要讲话精神…… 人民日报评论员 268

后　记…………………………………………………………… 271

齐心开创共建“一带一路”美好未来

——在第二届“一带一路”国际合作高峰论坛开幕式上的主旨演讲

（2019年4月26日，北京）

习近平

尊敬的各位国家元首，政府首脑，

各位高级代表，

各位国际组织负责人，

女士们，先生们，朋友们：

上午好！“春秋多佳日，登高赋新诗。”在这个春意盎然的美好时节，我很高兴同各位嘉宾一道，共同出席第二届“一带一路”国际合作高峰论坛。首先，我谨代表中国政府和中国人民，并以我个人的名义，对各位来宾表示热烈的欢迎！

两年前，我们在这里举行首届高峰论坛，规划政策沟通、设施联通、贸易畅通、资金融通、民心相通的合作蓝图。今天，来自世界各地的朋友再次聚首。我期待着同大家一起，登高望远，携手前行，共同开创共建“一带一路”的美好未来。

同事们、朋友们！

共建“一带一路”倡议，目的是聚焦互联互通，深化务实合作，携手应对人类面临的各种风险挑战，实现互利共赢、共同发展。在各方共同努力下，“六廊六路多国多港”的互联互通架构基本形成，一大批合作项目落地生根，首届高峰论坛的各项成果顺利落实，150多个国家和国际组织同中国签署共建“一带一路”合作协议。共建“一带一路”倡议同联合国、东盟、非盟、欧盟、欧亚经济联盟等国际和地区组织的发展和合作规划对接，同各国发展战略对接。从亚欧大陆到非洲、美洲、大洋洲，共建“一带一路”为世界经济增长开辟了新空间，为国际贸易和投资搭建了新平台，为完善全球经济治理拓展了新实践，为增进各国民生福祉作出了新贡献，成为共同的机遇之路、繁荣之路。事实证明，共建“一带一路”不仅为世界各国发展提供了新机遇，也为中国开放发展开辟了新天地。

中国古人说：“万物得其本者生，百事得其道者成。”共建“一带一路”，顺应经济全球化的历史潮流，顺应全球治理体系变革的时代要求，顺应各国人民过上更好日子的强烈愿望。面向未来，我们要聚焦重点、深耕细作，共同绘制精谨细腻的“工笔画”，推动共建“一带一路”沿着高质量发展方向不断前进。

——我们要秉持共商共建共享原则，倡导多边主义，大家的事大家商量着办，推动各方各施所长、各尽所能，通过双边合作、三方合作、多边合作等各种形式，把大家的优势和潜能充分发挥出来，聚沙成塔、积水成渊。

——我们要坚持开放、绿色、廉洁理念，不搞封闭排他的小圈子，把绿色作为底色，推动绿色基础设施建设、绿色投资、绿色金融，保护好我们赖以生存的共同家园，坚持一切合作都在阳光下运作，共同以零容忍态度打击腐败。我们发起了《廉洁丝绸之路北京倡议》，愿同各方共建风清气正的丝绸之路。

——我们要努力实现高标准、惠民生、可持续目标，引入各方普遍支持的规则标准，推动企业在项目建设、运营、采购、招投标等环节按照普遍接受的国际规则标准进行，同时要尊重各国法律法规。要坚持以人民为中心的发展思想，聚焦消除贫困、增加就业、改善民生，让共建“一带一路”成果更好惠及全体人民，为当地经济社会发展作出实实在在的贡献，同时确保商业和财政上的可持续性，做到善始善终、善作善成。

同事们、朋友们！

共建“一带一路”，关键是互联互通。我们应该构建全球互联互通伙伴关系，实现共同发展繁荣。我相信，只要大家齐心协力、守望相助，即使相隔万水千山，也一定能够走出一条互利共赢的康庄大道。

基础设施是互联互通的基石，也是许多国家发展面临的瓶颈。建设高质量、可持续、抗风险、价格合理、包容可及的基础设施，有利于各国充分发挥资源禀赋，更好融入全球供应链、产业链、价值链，实现联动发展。中国将同各方继续努力，构建以新亚欧大陆桥等经济走廊为引领，以中欧班列、陆海新通道等大通道和信息高速路为骨架，以铁路、港口、管网等为依托的互联互通网络。我们将继续发挥共建“一带一路”专项贷款、丝路基金、各类专项投资基金的作用，发展丝路主题债券，支持多边开发融资合作中心有效运作。我们欢迎多边和各国金融机构参与共建“一带一路”投融资，鼓励开展第三方市场合作，通过多方参与实现共同受益的目标。

商品、资金、技术、人员流通，可以为经济增长提供强劲动力和广阔空间。“河海不择细流，故能就其深。”如果人为阻断江河的流入，再大的海，迟早都有干涸的一天。我们要促进贸易和投资自由化便利化，旗帜鲜明反对保护主义，推动经济全球化朝着更加开放、包容、普惠、平衡、共赢的方向发展。我们将同更多国家商签高标准自由贸易协定，加强海关、税收、审计监管等领域合作，建立共建“一带一路”税收征管合作机制，加快推广“经认证的经营者”国际互认合作。我们还制定了《“一带一路”融资指导原则》，发布了《“一带一路”债务可持续性分析框架》，为共建“一带一路”融资合作提供指南。中方今年将举办第二届中国国际进口博览会，为各方进入中国市场搭建更广阔平台。

创新就是生产力，企业赖之以强，国家赖之以盛。我们要顺应第四次工业革命发展趋势，共同把握数字化、网络化、智能化发展机遇，共同探索新技术、新业态、新模式，探寻新的增长动能和发展路径，建设数字丝绸之路、创新丝绸之路。中国将继续实施共建“一带一路”科技创新行动计划，同各方一道推进科技人文交流、共建联合实验室、科技园区合作、技术转移四大举措。我们将积极实施创新人才交流项目，未来5年支持5000人次中外方创新人才开展交流、培训、合作研究。我们还将支持各国企业合作推进信息通信基础设施建设，提升网络互联互通水平。

发展不平衡是当今世界最大的不平衡。在共建“一带一路”过程中，要始终从发展的视角看问题，将可持续发展理念融入项目选择、实施、管理的方方面面。我们要致力于加强国际发展合作，为发展中国家营造更多发展机遇和空间，帮助他们摆脱贫困，实现可持续发展。为此，我们同各方共建“一带一路”可持续城市联盟、绿色发展国际联盟，制定《“一带一路”绿色投资原则》，发起“关爱儿童、共享发展，促进可持续发展目标实现”合作倡议。我们启动共建“一带一路”生态环保大数据服务平台，将继续实施绿色丝路使者计划，并同有关国家一道，实施“一带一路”应对气候变化南南合作计划。我们还将深化农业、卫生、减灾、水资源等领域合作，同联合国在发展领域加强合作，努力缩小发展差距。

我们要积极架设不同文明互学互鉴的桥梁，深入开展教育、科学、文化、体育、旅游、卫生、考古等各领域人文合作，加强议会、政党、民间组织往来，密切妇女、青年、残疾人等群体交流，形成多元互动的人文交流格局。未来5年，中国将邀请共建“一带一路”

国家的政党、智库、民间组织等1万名代表来华交流。我们将鼓励和支持沿线国家社会组织广泛开展民生合作，联合开展一系列环保、反腐败等领域培训项目，深化各领域人力资源开发合作。我们将持续实施“丝绸之路”中国政府奖学金项目，举办“一带一路”青年创意与遗产论坛、青年学生“汉语桥”夏令营等活动。我们还将设立共建“一带一路”国际智库合作委员会、新闻合作联盟等机制，汇聚各方智慧和力量。

同事们、朋友们！

今年是中华人民共和国成立70周年。70年前，中国人民历经几代人上下求索，终于在中国共产党领导下建立了新中国，中国人民从此站了起来，中国人民的命运从此掌握在了自己手中。

历经70年艰苦奋斗，中国人民立足本国国情，在实践中不断探索前进方向，开辟了中国特色社会主义道路。今天的中国，已经站在新的历史起点上。我们深知，尽管成就辉煌，但前方还有一座座山峰需要翻越，还有一个个险滩等待跋涉。我们将继续沿着中国特色社会主义道路大步向前，坚持全面深化改革，坚持高质量发展，坚持扩大对外开放，坚持走和平发展道路，推动构建人类命运共同体。

下一步，中国将采取一系列重大改革开放举措，加强制度性、结构性安排，促进更高水平对外开放。

第一，更广领域扩大外资市场准入。公平竞争能够提高效率、带来繁荣。中国已实施准入前国民待遇加负面清单管理模式，未来将继续大幅缩减负面清单，推动现代服务业、制造业、农业全方位对外开放，并在更多领域允许外资控股或独资经营。我们将新布局一批自由贸易试验区，加快探索建设自由贸易港。我们将加快制定配套法规，确保严格实施《外商投资法》。我们将以公平竞争、开放合作推动国内供给侧结构性改革，有效淘汰落后和过剩产能，提高供给体系质量和效率。

第二，更大力度加强知识产权保护国际合作。没有创新就没有进步。加强知识产权保护，不仅是维护内外资企业合法权益的需要，更是推进创新型国家建设、推动高质量发展的内在要求。中国将着力营造尊重知识价值的营商环境，全面完善知识产权保护法律体系，大力强化执法，加强对外国知识产权人合法权益的保护，杜绝强制技术转让，完善商业秘密保护，依法严厉打击知识产权侵权行为。中国愿同世界各国加强知识产权保护合作，创造良好创新生态环境，推动同各国在市场化法治化原则基础上开展技术交流合作。

第三，更大规模增加商品和服务进口。中国既是“世界工厂”，也是“世界市场”。中国有世界上规模最大、成长最快的中等收入群体，消费增长潜力巨大。为满足人民日益增长的物质文化生活需要，增加消费者选择和福利，我们将进一步降低关税水平，消除各种非关税壁垒，不断开大中国市场大门，欢迎来自世界各国的高质量产品。我们不刻意追求贸易顺差，愿意进口更多国外有竞争力的优质农产品、制成品和服务，促进贸易平衡发展。

第四，更加有效实施国际宏观经济政策协调。全球化的经济需要全球化的治理。中国将加强同世界各主要经济体的宏观政策协调，努力创造正面外溢效应，共同促进世界经济强劲、可持续、平衡、包容增长。中国不搞以邻为壑的汇率贬值，将不断完善人民币汇率形成机制，使市场在资源配置中起决定性作用，保持人民币汇率在合理均衡水平上的基本稳定，促进世界经济稳定。规则和信用是国际治理体系有效运转的基石，也是国际经贸关系发展的前提。中国积极支持和参与世贸组织改革，共同构建更高水平的国际经贸规则。

第五，更加重视对外开放政策贯彻落实。中国人历来讲求“一诺千金”。我们高度重视履行同各国达成的多边和双边经贸协议，加强法治政府、诚信政府建设，建立有约束的国际协议履约执行机制，按照扩大开放的需要修改完善法律法规，在行政许可、市场监管等方面规范各级政府行为，清理废除妨碍公平竞争、扭曲市场的不合理规定、补贴和做法，公平对待所有企业和经营者，完善市场化、法治化、便利化的营商环境。

中国扩大开放的举措，是根据中国改革发展客观需要作出的自主选择，这有利于推动经济高质量发展，有利于满足人民对美好生活的向往，有利于世界和平、稳定、发展。我们也希望世界各国创造良好投资环境，平等对待中国企业、留学生和学者，为他们正常开展国际交流合作活动提供公平友善的环境。我们坚信，一个更加开放的中国，将同世界形成更加良性的互动，带来更加进步和繁荣的中国和世界。

同事们、朋友们！

让我们携起手来，一起播撒合作的种子，共同收获发展的果实，让各国人民更加幸福，让世界更加美好！

祝本次高峰论坛圆满成功！

谢谢大家。

（原载《人民日报》2019年4月27日第3版）

习近平谈“一带一路”

在各方热切期盼下，第二届“一带一路”国际合作高峰论坛于4月下旬在北京举办。这是今年中国最重要的主场外交，也是又一次全球瞩目的国际盛会。

中国国家主席习近平统筹国内国际两个大局，深刻观察和思考世界形势，顺应时代潮流，适应发展规律，首倡“一带一路”，得到国际社会特别是沿线国家积极响应。共建“一带一路”正在成为我国参与全球开放合作、改善全球经济治理体系、促进全球共同发展繁荣、推动构建人类命运共同体的中国方案。

在国内国际多个重要场合，习近平主席对“一带一路”建设的重大意义、丰富内涵、路线方法，“一带一路”提供的世界机遇以及如何通过“一带一路”进行国际合作等进行深刻阐述，为推动共建“一带一路”走深走实、行稳致远指明了正确方向，勾画了宏伟蓝图，提供了重要遵循。

“一带一路”的重大意义

★造福沿途各国人民的大事业

为了使我们欧亚各国经济联系更加紧密、相互合作更加深入、发展空间更加广阔，我们可以用创新的合作模式，共同建设“丝绸之路经济带”。这是一项造福沿途各国人民的大事业。

——2013年9月7日，在哈萨克斯坦纳扎尔巴耶夫大学的演讲《弘扬人民友谊 共创美好未来》

★顺应了时代要求和各国加快发展的愿望

丝绸之路经济带和21世纪海上丝绸之路倡议顺应了时代要求和各国加快发展的愿望，提供了一个包容性巨大的发展平台，具有深厚历史渊源和人文基础，能够把快速发展的中国经济同沿线国家的利益结合起来。

——2014年11月4日，在中央财经领导小组第八次会议上的讲话强调

★为构建人类命运共同体注入强劲动力

我们携手推进“一带一路”建设国际合作，让古老的丝绸之路重新焕发勃勃生机。新的起点上，我们要勇于担当，开拓进取，用实实在在的行动，推动“一带一路”建设国际合作不断取得新进展，为构建人类命运共同体注入强劲动力。

——2017年5月15日，在“一带一路”国际合作高峰论坛圆桌峰会上的闭幕辞

★打造国际合作新平台

中国坚持对外开放的基本国策，坚持打开国门搞建设，积极促进“一带一路”国际合作，努力实现政策沟通、设施联通、贸易畅通、资金融通、民心相通，打造国际合作新平台，增添共同发展新动力。

——2017年10月18日，在中国共产党第十九次全国代表大会上的报告《决胜全面建成小康社会 夺取新时代中国特色社会主义伟大胜利》

“一带一路”丰富内涵

★面向未来的正确抉择

2000多年前，我们的先辈们就是怀着友好交往的朴素愿望，开辟了古丝绸之路，开启了人类文明史上的大交流时代。

今天，我们传承古丝绸之路精神，共商“一带一路”建设，是历史潮流的沿续，也是面向未来的正确抉择。

——2017年5月14日，在“一带一路”国际合作高峰论坛欢迎宴会上的祝酒辞

★大家携手前进的阳光大道

“一带一路”是开放的，是穿越非洲、环连亚欧的广阔“朋友圈”，所有感兴趣的国家都可以添加进入“朋友圈”。“一带一路”是多元的，涵盖各个合作领域，合作形式也可以多种多样。“一带一路”是共赢的，各国共同参与，遵循共商共建共享原则，实现共同发展繁荣。这条路不是某一方的私家小路，而是大家携手前进的阳光大道。

——2015年10月21日，出席在伦敦金融城举行的中英工商峰会时强调

★扩大开放的重大战略举措

“一带一路”建设是扩大开放的重大战略举措和经济外交的顶层设计，要找准突破口，以点带面、串点成线，步步为营、久久为功。

——2015年10月29日，在中共十八届五中全会第二次全体会议上的讲话

★本质是实现世界经济再平衡

以“一带一路”建设为契机，开展跨国互联互通，提高贸易和投资合作水平，推动国际产能和装备制造合作，本质上是通过提高有效供给来催生新的需求，实现世界经济再平衡。

——2016年8月17日，在推进“一带一路”建设工作座谈会上指出

★核心内容是促进基础设施建设和互联互通

“一带一路”建设是我在2013年提出的倡议。它的核心内容是促进基础设施建设和互联互通，对接各国政策和发展战略，深化务实合作，促进协调联动发展，实现共同繁荣。

——2017年5月15日，在“一带一路”国际合作高峰论坛圆桌峰会上的开幕辞《开辟合作新起点 谋求发展新动力》

“一带一路”路线方法

★同“一带一路”沿线国家和地区商建自由贸易区

加快实施自由贸易区战略是一项复杂的系统工程。要加强顶层设计、谋划大棋局，既要谋子更要谋势，逐步构筑起立足周边、辐射“一带一路”、面向全球的自由贸易区网络，积极同“一带一路”沿线国家和地区商建自由贸易区，使我国与沿线国家合作更加紧密、往来更加便利、利益更加融合。

——2014年12月5日，主持十八届中共中央政治局第十九次集体学习时指出

★既要登高望远，又要脚踏实地

政党和政治家应具有远见卓识和历史担当，在共建“一带一路”的进程中走在前列。我们既要登高望远，又要脚踏实地。登高望远，就是要顺应时代潮流，做好顶层设计；脚踏实地，就是要有序推进，

争取早期收获。

——2015年10月15日，在北京会见出席亚洲政党丝绸之路专题会议的外方主要代表时强调

★乘势而上、顺势而为

中国人说，“万事开头难”。“一带一路”建设已经迈出坚实步伐。我们要乘势而上、顺势而为，推动“一带一路”建设行稳致远，迈向更加美好的未来。

——2017年5月14日，在“一带一路”国际合作高峰论坛开幕式上的演讲《携手推进“一带一路”建设》

“一带一路”与世界机遇

★不是独奏，而是合唱

“一带一路”建设秉持的是共商、共建、共享原则，不是封闭的，而是开放包容的；不是中国一家的独奏，而是沿线国家的合唱。“一带一路”建设不是要替代现有地区合作机制和倡议，而是要在已有基础上，推动沿线国家实现发展战略相互对接、优势互补。

——2015年3月28日，在博鳌亚洲论坛2015年年会上的主旨演讲《迈向命运共同体 开创亚洲新未来》

★同沿线各国分享中国发展机遇

中国的发展得益于国际社会，也愿为国际社会提供更多公共产品。我提出“一带一路”倡议，旨在同沿线各国分享中国发展机遇，实现共同繁荣。

——2016年9月3日，在二十国集团工商峰会开幕式上的主旨演讲《中国发展新起点 全球增长新蓝图》

★“一带一路”倡议来自中国，但成效惠及世界

3年多来，已经有100多个国家和国际组织积极响应支持，40多个国家和国际组织同中国签署合作协议，“一带一路”的“朋友圈”正在不断扩大。中国企业对沿线国家投资达到500多亿美元，一系列重大项目落地开花，带动了各国经济发展，创造了大量就业机会。可以说，“一带一路”倡议来自中国，但成效惠及世界。

——2017年1月17日，在世界经济论坛2017年年会开幕式上的主旨演讲《共担时代责任 共促全球发展》

★实现共赢共享发展

我提出“一带一路”倡议，就是要实现共赢共享发展。目前，已经有100多个国家和国际组织积极响应支持，一大批早期收获项目落地开花。

——2017年1月18日，在联合国日内瓦总部的演讲《共同构建人类命运共同体》

“一带一路”与国际参与

★东南亚是“海上丝绸之路”的重要枢纽

东南亚地区自古以来就是“海上丝绸之路”的重要枢纽，中国愿同东盟国家加强海上合作，使用好中国政府设立的中国－东盟海上合作基金，发展好海洋合作伙伴关系，共同建设21世纪“海上丝绸之路”。

——2013年10月3日，在印度尼西亚国会的演讲《携手建设中国－东盟命运共同体》

★把中欧合作和丝绸之路经济带建设结合起来

我们还要积极探讨把中欧合作和丝绸之路经济带建设结合起来，以构建亚欧大市场为目标，让亚欧两大洲人员、企业、资金、技术活起来、火起来，使中国和欧盟成为世界经济增长的双引擎。

——2014 年 4 月 1 日，在布鲁日欧洲学院的演讲

★南亚地处“一带一路”海陆交汇之处

南亚地处“一带一路”海陆交汇之处，是推进“一带一路”建设的重要方向和合作伙伴。中巴经济走廊和孟中印缅经济走廊与“一带一路”关联紧密，进展顺利。

——2015 年 4 月 21 日，在巴基斯坦议会的演讲
《构建中巴命运共同体 开辟合作共赢新征程》

★中亚是重点合作地区和重要合作伙伴

中国将中亚地区视为共建“一带一路”的重点合作地区和重要合作伙伴。双方要加强发展战略和规划对接，共同寻找合作切入点，不断提高合作水平。

——2016 年 6 月 22 日，在乌兹别克斯坦最高会议
立法院的演讲《携手共创丝绸之路新辉煌》

★中英可在“一带一路”框架内互利合作

“一带一路”是公开、透明、开放、包容、互利共赢的倡议，秉持共商、共建、共享的原则，在市场规律和国际规则下运作。中英双方可以在“一带一路”框架内开展更大范围、更高水平、更深层次的互利合作。

——2018 年 2 月 1 日，在钓鱼台国宾馆会见来华进行
正式访问的英国首相特雷莎·梅时强调

★阿拉伯国家是天然合作伙伴

作为历史上丝路文明的重要参与者和缔造者之一，阿拉伯国家身处“一带一路”交汇地带，是共建“一带一路”的天然合作伙伴。

——2018 年 7 月 10 日，在中阿合作论坛第八届部长级会议开幕式上的讲话《携手推进新时代中阿战略伙伴关系》

“一带一路”高端访谈

“一带一路”·高端访谈

柬埔寨首相洪森：世界需要共建“一带一路”

柬埔寨首相洪森（Samdech Hun Sen），现任柬埔寨首相、柬埔寨人民党主席，1952年8月5日出生于柬埔寨磅湛省，1985年起担任柬埔寨政府领导人，父亲是潮州华人。

20世纪70年代，洪森参加抗美救国斗争，历任连长、营长、团长、柬埔寨人民共和国副总理兼外长、政府总理。1991年10月当选人民党副主席。1993年首届全国大选后，任柬埔寨王国政府第二首相兼柬埔寨王家军联合总司令。1998年、2003年和2008年全国大选，三次出任首相。1993年获“亲王”封号。2015年6月20日柬埔寨执政党人民党召开中央委员会特别会议，选举洪森为党主席。

2018年7月29日，现任首相洪森领导的柬埔寨人民党获得胜利，继续取得执政权。

继2017年参加首届“一带一路”国际合作高峰论坛后，柬埔寨首相洪森今年再次率团出席第二届高峰论坛。日前，洪森在接受本报记者采访时表示，高峰论坛为各国领导人深入交换意见，双方、多方共话合作提供了宝贵机会，也为参与共建"一带一路"的国家提供了重要机遇，有利于促进各国实现和平、繁荣和可持续发展。"一带一路"倡议是国际发展合作的典范，世界需要共建"一带一路"。

洪森说，对于所有以长期合作为目标并且支持经济全球化和开放经济的国家而言，"一带一路"国际合作高峰论坛是一次团结在一起、维护共同利益的好机会。"本届高峰论坛证明，全球众多国家选择了密切合作与互联互通的正确道路，国际合作毫不动摇地又向前推进了一步。"洪森说。

洪森表示，自2013年习近平主席提出"一带一路"倡议以来，相关建设覆盖了亚洲、欧洲、大洋洲和非洲的诸多国家和地区，取得了令人瞩目的进展。"'一带一路'建设为经济基础较为薄弱且渴望获得投资的国家带来了机遇。这些国家可以将自身经济与其他强大的经济体更好地连接。因此'一带一路'建设受到了国际社会的广泛支持，也被认为是促进广大发展中国家长期发展的重要动力。"

"对包括东南亚在内的全体亚洲国家而言，能够与世界第二大经济体、拥有广阔市场的中国实现互联互通，是不容错过的巨大机遇。"洪森说，对于东盟国家而言，"一带一路"倡议将促进《东盟互联互通总体规划2025》发展，推动东盟与中国多种形式对接。

"'一带一路'所蕴含的和平合作、开放包容、互学互鉴、互利共赢的丝路精神，将激励沿线各国为实现共同发展繁荣而努力。"洪森说，无论强弱贫富，各国要互帮互助，共同开创辉煌的未来。

"蓬勃发展的西哈努克港经济特区、金边至西哈努克港高速公路、新的吴哥国际机场……这些都是'一带一路'建设沉甸甸的果实，不仅将改善柬埔寨的基础设施，也将促进柬埔寨的旅游、商业和农业的发展。"对于两国在"一带一路"框架下取得的合作成就，洪森高度赞赏。他强调，"一带一路"和柬埔寨的"四角战略"有着共同的目标：提升基础设施建设水平，促进互联互通。“柬埔寨未来的经济、社会发展将得益于‘一带一路’倡议中的互联互通。”

近年来，中柬文化旅游往来日益密切，2018 年中国赴柬游客达 200 万人次，2019 年也是中柬文化旅游年。“自柬埔寨的吴哥王朝起，柬中两国就保持着友好关系和文化联系，为子孙后代留下了宝贵的财富。”洪森表示，人文交流将推动两国民众加深相互了解，进一步巩固两国人民的友好情谊。

俄罗斯总统普京：中国“一带一路”是世纪工程

弗拉基米尔·弗拉基米罗维奇·普京，俄罗斯第 2 任、第 4 任总统。曾担任俄罗斯总理、统一俄罗斯党主席、俄白联盟部长会议主席。清华大学名誉博士。

2000 年执政以来，普京致力于复兴俄罗斯超级大国地位，对内加强联邦政府的权力，整顿经济秩序，打击金融寡头，加强军队建设；对外努力改善国际环境，拓展外交空间，维护本国利益，在国际舞台上恢复了世界性强国地位。

普京先后四次当选俄罗斯总统，担任总统期间，整体提升了苏联解体后的俄罗斯的国际地位，在对内外政策方面偏强硬，在民主方面遭到很多争议，被认为是一位“铁腕总统”，被美国《时代》、《福布斯》杂志评选为世界最有影响力人物。

2015 年 2 月 13 日，俄罗斯人对普京信任度高达 85%，创历史新高。3 月 11 日，普京在各国领导人工资中，排名第八位。4 月，普京获得 6.9% 投票，领衔美国《时代》周刊“最具影响力人物”榜单。11 月 4 日，普京连续三年名列《福布斯》全球最有权力人物排行榜首位。

2016年6月，俄总统普京访华。4月7日，俄罗斯萨拉托夫州立仲裁法院于当天正式驳回了俄西南巴拉科沃市市民尼古拉·苏沃洛夫对俄总统普京的诉讼。9月22日，彭博全球50大最具影响力人物排行榜，普京排第30名。

2018年3月18日晚8时，俄罗斯总统选举落幕，普京得票率达到了76.1%，所得选票已过半数，普京第四次当选俄罗斯总统，其总统任期长达20年。

《彭博社》、《莫斯科时报》26日报道，俄罗斯总统普京出席“一带一路”论坛盛赞中国“一带一路”倡议是世纪工程，也高度契合俄罗斯国家战略的核心，俄中关系已达到前所未有的新高度。据悉，俄罗斯已批准在其境内修建一条长2000公里，连接哈萨克斯坦与白俄罗斯的“子午线”收费高速公路。该道路是俄罗斯为“一带一路”量身定做的首个工程，公路由私人投资建设，是“亚欧”之间的货运交通，设计时速可达130千米，2024年建成后将大大缩短中国西部与欧洲中部货物枢纽之间的货运距离。莫斯科FBK咨询公司战略分析主任Igor称“子午线”收费高速公路将增进中俄关系、增强俄罗斯作为中转过境国家的作用、并能向其欠发达地区引入更多投资，但是，没有中国的支持，该工程将无法实施（2019年4月27日驻利比里亚使馆经商参处经贸信息第136期万皓编发http://lr.mofcom.gov.cn/）。

俄罗斯总统 普京：我们与合作伙伴一起，持续推动形成共同市场，并加强欧亚经济联盟的对外合作关系，其中包括决定推动欧亚经济联盟与中国“一带一路”倡议相结合，这将拉开建立大欧亚朋友圈的序幕。如今我们与中国的平等互利关系是稳定国际事务的重要因素，同时也是亚欧安全的保障，树立了开展富有成效经济合作的典范。

白俄罗斯总统 卢卡申科：得益于中国的“一带一路”倡议

亚历山大·格里戈里耶维奇·卢卡申科，1954 年 8 月出生于莫吉廖夫州什克洛夫区，白俄罗斯总统。

1975 年至 1977 年以及 1980 年至 1982 年卢卡申科两度在苏军服役；1993 年 7 月出任最高苏维埃反贪污临时委员会主席；1994 年 7 月 10 日当选为白俄罗斯首任总统；2001 年 9 月再次当选总统；2006 年 3 月第三次当选总统；2010 年 12 月 20 日第四次当选白俄罗斯总统；2015 年 10 月 12 日第五次当选总统。

卢卡申科执政期间，白俄罗斯保持了政局稳定，实现了经济和社会的持续发展，人民生活水平不断提高。

卢卡申科在回答央视记者的提问时表示，中国是白俄罗斯可信赖的合作伙伴，始终为白俄罗斯提供可靠支持，双方在经贸投资领域取得了长足合作。在中方大力支持下，白俄罗斯很多乳制品及肉制品加工企业获准进入中国市场，实现厂商直营模式，这大大丰富了白俄罗斯产品的海外市场多元化，使白俄罗斯完成了推动出口供应结构合理的调整计划。而得益于中国的“一带一路”倡议，中欧班列的开行也为白俄罗斯扩大对华出口提供了便利条件。

白俄罗斯总统 卢卡申科：中国购买了大量的食品，并且还开行了途经白俄罗斯的中欧班列，这对我们来说是一个礼物，为了避免返程的班列空驶，我们可以将我们的产品装车销往中国，首先是农产品，这就实现了一种出口供应的合理结构，以免依赖单一市场，中国为我们实现这一计划提供了很大助力。

中白"巨石"工业园是合作硕果

卢卡申科特别提到，中白"巨石"工业园是双方开展"一带一路"经贸合作的丰硕成果，为白俄罗斯引入了优质高效的国际投资，其发展也得到了中白两国的高度关注，工业园的持续建设也是双方"一带一路"经贸合作的重要方向。白俄罗斯正将这里发展成为国际化的高科技工业园区，并建设成为丝绸之路经济带上重要的物流转运中心、商品集散地，衔接欧盟和欧亚经济联盟两大市场。

白俄罗斯总统 卢卡申科：习近平主席来访时，我们共同考察了"巨石"工业园，当时他说这里应该建设成为"丝绸之路经济带"上的明珠。我有一个硬性条件，入驻企业应该有将这里发展成为物流中心的愿望，也就是建立一个更短期的货品集散地，货品在这里实现从东到西，从西向东的转运，而没有滞留，工业园要引入最高水平、最现代化的企业和最具先进技术含量的投资。

中国是可信赖的合作伙伴

在"一带一路"倡议引领下，中国在投资领域与白俄罗斯开展了诸多合作，包括建设发电站、对热电厂和生产企业进行现代化改造，援建社会保障住房等等。卢卡申科表示，白俄罗斯对中国给予的这些支持和帮助表示感谢，目前两国关系正稳定发展，希望双方今后继续保持经贸投资合作，并在国际问题上相互支持。

白俄罗斯总统 卢卡申科：你们（中国）是可信赖的合作伙伴，一直都为白俄罗斯提供了可靠支持，我们也会同样对待中国，白俄罗斯是你们的朋友，白俄罗斯也会一如既往在中国需要的时候提供支持。

卢卡申科指出，中国提出的"一带一路"倡议惠及所有参与国，具有广阔的发展前景。第二届"一带一路"国际合作高峰论坛即将举行，他也将应邀出席。卢卡申科还表示，在当前的局势下，中白两国以此为契机探讨未来合作是十分必要的。

奥地利前总理库尔茨：给中国也给世界各国带来了机会

塞巴斯蒂安·库尔茨（外文名：Sebastian Kurz），1986 年出生于维也纳的库尔茨，成长于维也纳西南方的梅德林区（Meidling）。是一名奥地利政治家、奥地利人民党党员，大学肄业。

曾任奥地利共和国总理。

2004 年大学毕业后，他加入奥地利人民党。

2005 年服完兵役后成为法律系学生 bai。

2009 年担任人民党青年部主席，2011 年出任新组建的移民融合事务部部长。

曾任人民党联邦青年团主席、维也纳州议员。2011 至 2013 年任内政部国务秘书。

2013 年 9 月他以高票当选国会议员。

2013 年 12 月 16 日，库尔兹开始担任奥地利外长。

2017 年 05 月 14 日，奥地利外长库尔茨当选人民党主席。

2017 年 10 月 16 日，奥地利人民党主席库尔茨当选奥地利总理。

2017 年 12 月 18 日，就任奥地利共和国总理，成为欧洲最年轻的政府首脑。2019 年 5 月 27 日，总理库尔茨被罢免。

首先感谢习近平主席组织这次论坛，我非常高兴来到北京，我认为“一带一路”倡议是很正面的，不仅给中国也给世界各国带来了机会。很高兴来到这里与中国主席和其他同事探讨“一带一路”倡议。我认为让世界各国联系更紧密是很重要的。奥地利是一个很依赖出口的国家，我们每赚取的 10 欧元当中就有 6 欧元来自于出口收入，所以对于我们来说自由贸易和全球合作是很重要的。

“一带一路”框架下中奥合作潜力大

去年4月27号，首列直达奥地利首都维也纳的中欧班列穿越亚欧六国，抵达目的地。这一班列被奥地利政府称为“未来中奥两国间经济、文化等各方面交流的象征”。对此，库尔茨表示，在“一带一路”框架之下，中奥间贸易往来与经济合作的潜力巨大。

奥地利总理 库尔茨：去年有400多班货运列车往返于中国和奥地利，我认为中国在欧洲的业务发展还有很多潜力，同时奥地利和奥地利公司在中国的发展也有很多潜力，现在已经有很多奥地利公司活跃在中国，约有900多家公司在中国运作，未来潜力还很大。

库尔茨同时非常感谢习近平主席为中奥双边合作所做出的努力。他认为，奥地利和中国迄今已经建立良好和密切的关系。他本人也愿意为深化两国关系做出努力。

奥地利总理 库尔茨：我认为两国双边关系非常好，我要感谢习近平主席为中国和奥地利双边合作做出的努力。我个人在过去几年中也做了很多工作来深化两国关系，我曾经担任外交部长四年，在我担任总理的第一年，我曾经两次出访中国，这次是我（任内）第三次出访中国。我将会努力深化两国关系，因为这非常重要。

中奥在人文领域可以互相学习

对于习主席提出的“平等、互鉴、对话、包容”文明观，库尔茨认为，这为中奥合作提供了一种正确的方式。他认为，中奥两国人民间的合作非常重要。两国在人文领域可以互相学习。目前，每年约有一百万人次的中国游客赴奥旅游。这让库尔茨印象深刻。

奥地利总理 库尔茨：我印象最深刻的是大量中国旅游者来到奥地利，每年有100万中国旅游者去奥地利旅游。这是个很高的数字，同时还在增长。我觉得对于两国来说这是双赢的。对于中国人民，他们可以来到我们美丽的国家旅游，同时也使得奥地利人民可以更加了解中国和令人印象深刻的中国文化。

希腊总理齐普拉斯：愿希腊成为连接东西方的桥梁

阿莱克斯·齐普拉斯（Alexis Tsipras，1974年7月28日—），希腊左翼政治家，希腊议会成员，左翼激进联盟党主席，现任希腊总理。

1974年出生于雅典一个中产阶层家庭，早年就读于雅典国家技术大学，并参与学生运动，2006年开始在政坛崭露头角，2008年当选左派和进步联盟党主席，2015年1月25日当选希腊新一届总理。2015年8月20日宣布辞去总理职务，并要求提前举行大选。2015年9月20日举行的希腊议会选举中，再度当选希腊总理。

希腊总理齐普拉斯2018年4月26日于北京举行的一带一路高峰论坛的致辞中指出，希腊的角色是作为东西方之间的桥梁，同时也是有着国际影响力的区域性枢纽。齐普拉斯强调，一带一路倡议的目标与希腊政府努力摆脱经济危机和对债权人的依赖的目标向契合。他对“合作与开放造就未来”这一信念包含信心，并表示希腊正致力于此。“我们希望我们的邻国一起，包括地中海东南部和巴尔干地区，成为连接东西方的桥梁。这一地区将会成为国际物流、能源和贸易枢纽”他强调说。他提及中远海运集团对希腊最大港口比雷埃夫斯港的投资，并着重表示其在这一努力中的重要性——“比雷埃夫斯港已经成为来自中国和亚洲的产品经由苏伊士运河进入欧洲的国际门户”。齐普拉斯认为一带一路倡议引领了经济发展、贸易和投资的向上势头，以及物流业、能源合作、科技革新、旅游和文化等方面的产业升级。

齐普拉斯说希腊提升了同中国的双边战略关系：“扮演着本区域中的新角色，希腊期望在遵守国际贸易规则的前提下作为欧盟成员提升欧盟与中国之间的合作水平。我们认为新的全球经济均衡增长需要中国的更多参与，在中欧关系发展的框架下，凭借我们深度的、战略性的双边伙伴关系和我们近期加入的17+1倡议框架，我们相信我们将拥有一个光明的前景。”

希腊总理齐普拉斯还感谢了中国国家主席习近平的热情款待，并与习主席在人民大会堂进行了单独会见。同一天他还会见了中国国务院总理李克强和全国政协主席汪洋。

新加坡总理李显龙：新加坡能够为“一带一路”建设作出贡献

新加坡总理李显龙（Lee Hsien Loong），1952年2月10日出生于新加坡，新加坡第三任总理，新加坡人民行动党秘书长。

李显龙1974年毕业于英国剑桥大学。1979年获得美国哈佛大学肯尼迪政治学院公共行政学硕士学位，之后回国后任新加坡武装部队参谋长兼联合行动与策划司长。1984年12月至1986年2月担任新加坡国防部政务部长兼新加坡贸易与工业部政务部长。1986年转任新加坡贸易与工业部代理部长，同年12月升任贸工部部长。1994年7月至1995年7月负责监督国防部。1997年连任政府副总理。1998年兼任金融管理局主席。2001年兼任新加坡财政部部长。2004年8月12日出任新加坡第三任总理兼财政部长，同年12月当选人民行动党秘书长。2015年9月12日连任总理。

李显龙担任新加坡总理期间，对许多政策措施进行各种形式的反思和检讨，可归纳为三大方面：“柔性管理式贤能新政”、“朋友对话式动态平衡新政”、“审慎开放式民主新政”。

在第二届“一带一路”国际合作高峰论坛召开前夕，即将赴华出席论坛的新加坡总理李显龙在接受中国媒体采访时表示，新中关系有巨大潜能，两国在双边关系及区域内有许多合作机会。新加坡能够为“一带一路”建设作出贡献。

李显龙表示，如今新加坡与中国确立了与时俱进的全方位合作伙伴关系，中国是新加坡最大的贸易伙伴，新加坡是中国最大的外资来源国，中国很多投资通过新加坡投入到“一带一路”参与国。在“一带一路”框架下，新加坡乐于在金融服务、开拓第三方市场、人力资源开发等领域发挥建设性作用。

李显龙指出，从苏州工业园区到天津生态城再到重庆互联互通示范项目，新中政府间卓有成效地开展了一系列战略性合作项目，未来新中合作潜力巨大。其中，重庆互联互通示范项目，通过陆海双向通道的建设，从陆上将中国西部的广大地区与广西的海港相连，再通过海运经新加坡直达东南亚其他地区。这一通道的开辟，相较以前从中国东部出海，不仅节约了运输成本，也大大减少了中转时间。

李显龙说，互联互通不仅包括物流，还包括金融服务、信息技术和人才交流等，通过重庆互联互通示范项目这个平台新中两国共同为东南亚地区的发展提供服务，它不仅目标远大，而且意义重大。

李显龙还说：“我们希望中国能够为未来规划，并且带头鼓励其他国家也都这么做，携手合作，加强国际体系，造福所有参与者。”

李显龙表示，祝贺中华人民共和国成立70周年。感谢中国政府向李光耀先生颁发“中国改革友谊奖章”。新加坡愿意继续成为中国改革发展的伙伴，期待中国更加繁荣。我也要祝贺第二届“一带一路"国际合作高峰论坛取得圆满成功。中国快速发展，国际地位不断上升。共建"一带一路"倡议是中国发挥应有国际作用的体现，相信这一倡议不仅能够造福中国、也能造福世界，有助于更加密切中国同国际社会的联系。新加坡很早就支持和参与"一带一路"合作，愿继续在"一带一路"框架内同中国深化在互联互通、投资、金融等领域合作，共同努力促进区域经济一体化和东盟—中国关系发展。

阿塞拜疆总统阿利耶夫："一带一路"倡议有助于促进各国经济发展和繁荣

伊利哈姆·盖达尔·奥格雷·阿利耶夫(Ilham Heydar ogly Aliyev)。1961年12月24日生于阿塞拜疆巴库市。阿塞拜疆族。1985年毕业于莫斯科国际关系学院研究生院，历史学副博士。1985至1990年在莫斯科国际关系学院任教。1991至1994年任莫斯科"东方"公司总经理。1994至1996年先后任阿国家石油公司副总裁、第一副总裁。1995和2000年两次当选阿国民议会议员。1997年7月当选阿国家奥林匹克委员会主席。1999年12月当选"新阿塞拜疆党"副主席，2001年11月当选该党第一副主席，2005年3月当选该党主席。2001年任阿国民议会常驻欧委会议会代表团团长。2003年1月当选欧委会议会副议长，8月被任命为阿总理，同年10月28日当选总统。2008年10月22日再次当选总统，2013年10月第三次当选总统。懂俄语、土耳其语、英语和法语。已婚，夫人梅赫里班·阿利耶娃，现任盖达尔·阿利耶夫基金会主席，有两女一子。

“一带一路”倡议有助于扩大国家间、地区间经济合作，促进各国经济发展和繁荣。阿塞拜疆全力支持中国提出的这一倡议。阿塞拜疆总统阿利耶夫日前在接受新华社记者书面专访时这样表示。

阿利耶夫即将赴华参加第二届“一带一路”国际合作高峰论坛。他认为，本届论坛能进一步增进国际合作，将为各国间开展富有成效的对话与磋商提供难得良机。

阿利耶夫表示，“一带一路”倡议包含很多内容，例如加强不同文明和文化间的交流、增进国家间人文交往等。阿塞拜疆已于2015年与中国签署了关于共同推进丝绸之路经济带建设的谅解备忘录，阿方全力支持“一带一路”倡议，愿继续深化两国在此框架下的全面合作。

阿利耶夫说，近年来中国取得了世人瞩目的伟大建设成就，他对此表示钦佩。中国经济实现强劲增长，国内环境稳定，人民生活条件日益改善。阿塞拜疆人民关注中国在各领域的发展。

阿利耶夫高度肯定了阿中建交以来两国友好合作关系的发展，认为两国在政治、经贸、人文等领域都开展了卓有成效的合作。阿利耶夫说，阿中两国保持长期友好关系和密切的政治往来，他于2005年和2015年两次成功访华，充分证明了两国拥有不断发展和加强双边关系的共同愿望。他强调，发展对华关系是阿外交最优先方向之一。阿中友好关系的进一步发展将惠及两国人民。

阿利耶夫特别强调了阿中在经贸领域开展的富有成效的合作。他说，目前阿中贸易额已突破13亿美元，阿塞拜疆是亚洲基础设施投资银行的创始成员国。许多中国企业在阿塞拜疆的经济发展中发挥着重要作用。阿塞拜疆拥有优良的投资环境，欢迎更多中国企业来阿开展工业、信息技术、农业等领域的合作。

阿利耶夫说，阿中在人文领域的交流与合作对推动两国关系发展发挥着重要作用。得益于更为简便的签证制度以及两国间定期直航航线的开通，赴阿参观访问的中国公民数量逐年增加。两国未来可以在教育等领域进一步加强合作。

谈到两国未来合作方向，阿利耶夫表示，两国在交通和基础设施领域合作潜力巨大。他说，阿塞拜疆是古丝绸之路上的重要一站。如今，大力发展现代化基础设施是阿政府的主要工作目标之一。阿塞拜疆正积极投资建设现代化公路、机场等，以促进与各国间的互联互通，将自身打造成重要的国际交通枢纽国家。巴库－第比利斯－卡尔斯跨国铁路等一系列重要基础设施项目将为中国和欧洲间的货物运输提供更加便捷的通道。

智利总统皮涅拉："一带一路"倡议具有实际意义

智利总统皮涅拉，塞瓦斯蒂安·皮涅拉·埃切尼克（Sebastián Piñera Echenique），1949年12月1日出生于圣地亚哥的一个中产阶级家庭，父亲是智利基督教民主党创始人之一。皮涅拉1971年毕业于智利天主教大学，后获得哈佛大学博士学位。

20世纪80年代末，皮涅拉加入智利民族革新党。1990年至1998年，他担任智利参议员。2005年，皮涅拉曾参加总统选举，但以微弱差距在第二轮投票中败给现任总统巴切莱特。不过，皮涅拉从此也因精力充沛、事业成功获得了“火车头”的美称。

皮涅拉在智利是一位家喻户晓的大企业家，其资产超过14亿美元。他拥有多家知名企业的股份，其中包括智利航空公司、智利电视台（CHV）、智利科洛科洛足球俱乐部等。20世纪80年代，皮涅拉将信用卡业务成功引入智利，获得巨大收益。但同时，他也因以大企业家身份参政而在智利受到争议。

2010 年 1 月，皮涅拉作为“争取变革联盟”候选人参加总统大选并获胜，同年 3 月，皮涅拉正式就职，成为智利第 51 任总统，同时也是智利 52 年来首位通过投票当选总统的右翼党派总统。

2017 年 12 月 17 日，在智利总统选举第二轮投票中，智利前总统塞瓦斯蒂安·皮涅拉将当选智利下一任总统。2018 年 3 月 11 日，塞瓦斯蒂安·皮涅拉在位于智利第二大城市瓦尔帕莱索的国民议会宣誓就职智利总统。

智利总统皮涅拉表示，“一带一路”倡议具有实际意义，有利于促进国际经济合作、推动全球化，凝聚各方力量，改善人民的生活水平。

智利总统皮涅拉在 4 月 26 日上午举行的第二届“一带一路”国际合作高峰论坛开幕式上表示，“一带一路”倡议具有实际意义，有利于促进国际经济合作、推动全球化，凝聚各方力量，改善人民的生活水平。

“今年恰逢新中国成立 70 周年，我们倾听了习主席的精彩致辞，他在致辞中提出‘一带一路’建设遵循的原则，包括捍卫自由贸易、知识产权、维护世贸组织规则、促进公平竞争等，这些原则我们都需要进一步捍卫。”皮涅拉说。

皮涅拉称，中国是一个文明古国，在数千年里发展水平居于世界首位，今天中国再次飞跃发展，是第二大经济体。除经济之外，中国在创新能力等其他方面也在不断提高，包括在科技方面进行大量投入。

皮涅拉说，“一带一路”倡议将进一步促进世界各国经济增长，改善人民的福祉，尤其是在当今世界很多人对自由贸易、全球化持怀疑态度的背景下，很多国家甚至采取贸易保护主义政策。我们应该推进自由贸易，“一带一路”提供了一个极佳的平台，是推动多边合作的平台。

他认为，“一带一路”最大优势是各方可讨论具体的项目合作。在南美建立了太平洋（4.010，0.06，1.52%）联盟、南美进步论坛，有很多务实举措，打造更多一体化平台。这能够更好地促进本地区的经济发展，提高人民生活质量。

皮涅拉赞扬了“一带一路在“互联互通”方面的硕果累累，称中国在全世界推动互联互通，在此过程中要遵循很多重要原则。首先是透明，所有合作都是在透明下进行；其次是尊重各国国情以及法律、法规。

“智利从过去、现在到未来都推动自由贸易，我们积极参加亚太经合组织和东盟活动，证明我们致力于推动自由贸易、以及2030年可持续发展目标。‘一带一路’的原则和智利的外交理念不谋而合。”他说。

皮涅拉还提到，各方需要更加重视可持续发展，应对气候变化。

“‘一带一路’倡议是源于古代丝绸之路，将中国与多国联系在一起，古时，各国商品在这条丝绸之路往来穿梭，今天丝绸之路再次焕发生机。智利希望成为亚洲通往拉美的门户，愿与中国共同推动贸易自由化。”他说。

智利总统皮涅拉表示，“一带一路”倡议具有实际意义，有利于促进国际经济合作、推动全球化，凝聚各方力量，改善人民的生活水平。

塞浦路斯总统阿纳斯塔夏季斯：“一带一路”带来投资机会和共同繁荣

尼科斯·阿纳斯塔夏季斯（Nicos Anastasiades）现任塞浦路斯总统，1946年9月27日生于塞南部利马索尔区。他曾在雅典大学学习法律，后在伦敦大学读研究生。

阿纳斯塔夏季斯1976年成为塞浦路斯民主大会党及其青年组织的创始会员，并曾担任民主大会党青年组织利马索尔区秘书、副主席和主席。

1990年至1997年，阿纳斯塔夏季斯担任民主大会党副主席，1997年担任民主大会党主席。1981年至2013年2月，阿纳斯塔夏季斯在历次议会选举中当选议员。

2013年2月24日，塞浦路斯最大反对党民主大会党主席尼科斯·阿纳斯塔夏季斯在总统选举第二轮投票中获胜，当选该国1960年独立以来的第七位总统。

2018年2月4日，尼科斯·阿纳斯塔夏季斯在举行的总统选举第二轮投票中获得56%的选票，成功连任。

塞浦路斯总统阿纳斯塔夏季斯22日在尼科西亚接受新华社记者采访时表示，“一带一路”倡议为塞浦路斯和中国带来了投资机会和共同繁荣。

即将启程赴北京出席第二届“一带一路”国际合作高峰论坛的阿纳斯塔夏季斯说，“我将率教育、文化、交通和旅游部等部长组成的代表团前往中国。我们的目标是发挥最大优势，进一步加强我们与中国在贸易、文化和教育等领域的关系，我们将签署有关合作文件”。

“任何促进国家之间、人类之间合作的倡议，都符合我们所有人的利益，‘一带一路’倡议正在为经济增长作出贡献。”他说。

阿纳斯塔夏季斯指出，中国是世界第二大经济体，与中国合作的机遇是巨大的，期待“一带一路”倡议提出进一步举措，使塞浦路斯同所有参与“一带一路”建设的国家加强合作。

阿纳斯塔夏季斯说，塞浦路斯是欧洲航运业重要国家，塞方将尽力同中方在航运领域加强合作，这将使塞本国海事、运输部门受益，作为欧盟成员，塞方将促进欧盟和中国之间在航运领域的合作。

谈到“一带一路”倡议给塞浦路斯带来的变化，阿纳斯塔夏季斯说，“一带一路”也为有意愿赴塞浦路斯投资的中国人提供了机会，为塞浦路斯的建筑业和土地开发作出了贡献，塞浦路斯此前因金融危机而陷入困境的行业有望得以复苏。

阿纳斯塔夏季斯还说，中国举办首届国际进口博览会期间，塞中双方签署了一项乳制品协议，塞浦路斯著名的哈鲁米奶酪因此出口到中国。他相信，如果塞中能促进双方互联互通合作，比如设立直航班机等，塞浦路斯有望从这些合作中收获更多成果。

“我再次向中国政府和人民表示谢意，他们组织这一论坛，给我们机会重申我们的承诺，加强我们的合作，这将惠及塞中两国人民。”阿纳斯塔夏季斯说。

捷克总统米洛什·泽曼：“一带一路”倡议是一项创举

米洛什·泽曼（Milos Zeman）。捷克族。1944 年 9 月出生于高林县。

1968 年在学校加入了捷克斯洛伐克共产党。1969 年毕业于布拉格高等经济学院，后留校执教。因对 1968 年苏联入侵持反对立场，

1970年被开除出党。1981～1984年任职于一家体育用品公司。1985～1989年在捷克斯洛伐克科学院经济研究所工作。1989年东欧剧变后，他加入了各反对派组织组成的“公民论坛”。1990年到捷克斯洛伐克科学院预测研究所工作。同年，加入了社会民主党，并当选为联邦议会民族院议员。1990～1991年出任联邦议会主席团委员。从1990年6月起，任联邦议会民族院计划和预算委员会主任。1991年起任罗马俱乐部捷克斯洛伐克联盟副主席。1991～1992年被选为联邦议会公民运动议员俱乐部委员。1991年起任联邦议会社会民主党议员俱乐部委员。1993年2月在社会民主党第26次代表大会上当选为党的主席。社会民主党在1996年的大选中赢得了全国第二大党的地位，他本人出任众议院主席。接着因政局动荡，他所领导的社会民主党在1998年大选中取得了全国第一大党的地位，泽曼出任捷克总理至2002年届满。2013年3月8日出任捷克总统，2018年1月27日赢得连任。

捷克总统米洛什·泽曼在会上表示，“一带一路”倡议是一项激动人心的项目和工程，也是现代历史上最重要的一项合作倡议。

泽曼总统认为，“一带一路”建设取得成功，非常必要的条件和基础就是在互利互赢的基础上开展合作，为各国创造机遇，同时避免自然灾害的发生。

“各国可能会在一些问题上有不同的观点。一些纯粹是技术层面的，比如，铁路可以缩短交通旅行时间，提高运输效率。铁路建设本身是好的，但是仅仅修建铁路是不够的，铁路的另外一个非常重要的效应是促进各国文明的交流，通过人文的交流可以避免过去历史上出现的各种冲突，在各个文明间建立真正的友谊。”泽曼称。

同时，泽曼认为，“一带一路”倡议是一项创举，同时也面临一些挑战，比如，相关基础设施项目的资金不足等问题，如何推动政府和民营企业的合作也非常重要。

泽曼表示，推动“一带一路”建设需要各方共同努力。捷克的一些合作项目虽然规模不大，但是也可以为“一带一路”做出贡献。“一根蜡烛不足以照亮整个房间，几百支蜡烛同时点燃则可发出足够的光亮。”泽曼说。

“捷克参与到‘一带一路’的建设当中并非一时的决定，而是一个长期的决策。”泽曼直言，对于一些政治家来说，要做出某些决定并非易事。中国能够提出“一带一路”这样一项非常富有远见的倡议，充分体现出领导人的历史担当。他对中国和中国国家主席习近平在提出“一带一路”这一倡议中所表现出的巨大勇气和历史担当表示衷心的感谢。

捷克地处东西欧交界的欧洲中部，综合国力在中欧地区名列前茅，被认为是“一带一路”沿线重要国家。

匈牙利总理维克托：
匈牙利成为欧盟第一个参与“一带一路”倡议的国家

欧尔班·维克托（Orbán Viktor，或译欧尔班·维克多），现任匈牙利总理。1963 年 5 月 31 日出生于匈牙利中部城市塞克什白堡，1987 年毕业于匈牙利罗兰大学法学院。

欧尔班·维克托于 1988 年加入青民盟，为青民盟创始成员之一；1990 年起为国会议员；1993 年起任青民盟主席；1998－2002 年任总理；2010 年 5 月再次出任总理；2014 年 6 月连任总理；2018 年 5 月连任总理。

匈牙利总理欧尔班·维克托指出，中国的崛起在欧洲引发了对一个心理问题的关注，即是否愿意接受中国崛起这一事实。欧尔班引用俗话“存在即是可能”，认为这既适用于中国，也适用于英国和美国，而欧洲人并没有从中国的崛起以及英国脱欧和“美国至上”中吸取经验，而是耗费了大量精力去解释目前的局势并不是真实的，或者即使这是真实的，这一现象也仅是暂时的、没有基础的。实际上，自 2008 年金融危机后，全球经济和政治已经经历了一个范式的转变，即从单一权力中心向多权力中心的转变。今天，欧洲国家是否成功便是衡量它们能够多迅速地实施这一转变。有些国家反应很快，有些反应慢一些，而还有一些国家还在被叫醒的过程中。伴随着这一范式的任何转变，都会出现一种局面，即旧秩序的追随者必定同新秩序的追随者进行激烈的争论。多中心的世界秩序意味着多种发展模式，也会带来很多机会。中国就是其中的一个中心。欧尔班指出，中国不是一闪而过彗星，而是一颗恒星，这颗恒星至少在未来几十年内在全球经济中扮演决定性作用。欧尔班认为中国的习近平主席于 2013 年正式提出了“一带一路”倡议是第一个将走在时代前列的举措，他对此充满敬意。而欧洲正在面临四大危机，即增长危机、人口危机、安全危机和外交危机。布鲁塞尔已经成为了乌托邦的奴隶，导致欧洲大陆对任何一个危机都无法有效应对，变得越发虚弱。欧洲已经从一个全球行为体降低至区域行为体，不久之后便会被迫甚至去为争取区域行为体的身份而努力。如果回顾欧洲大陆成功的时期就可以发现，欧洲在由单一权力中心领导的时候从来没有强大过，而在存在多个权力中心的时候欧洲曾经强大过。欧尔班认为，布鲁塞尔的政策将这些权力中心转变为单一权力中心，这就是欧洲为什么会是现在这样的原因。欧尔班表示匈牙利从2010年到2016年已经从一个败家子转变为一个成功的案例。他认为，匈牙利模式是由四个部分组成的，即政治稳定、严格的财政政策、工作福利社会和向东开放。而向东开放的核心不是贸易，而是尊重。

哈萨克斯坦首任总统纳扎尔巴耶夫："'一带一路'是前景广阔的伟大倡议"

努尔苏丹·阿比舍维奇·纳扎尔巴耶夫（英语：Nursultan Äbishuly Nazarbayev），哈萨克族，1940年7月6日出生于阿拉木图州，早年毕业于卡拉干达冶金联合企业高等技术学校和苏共中央高级党校函授班，曾获冶金工程师职称和经济学博士学位。曾任哈萨克斯坦总统，哈萨克斯坦武装力量最高统帅。

2019年3月19日，他对国民发表电视讲话时宣布自3月20日起辞去总统职务。2019年4月28日，获颁中华人民共和国对外最高荣誉勋章"友谊勋章"。4月23日，提名托卡耶夫为总统候选人。

"'一带一路'是前景广阔的伟大倡议。"哈萨克斯坦首任总统纳扎尔巴耶夫26日接受新华社等中国媒体联合采访时，对"一带一路"倡议给予高度评价。

应中国国家主席习近平邀请，纳扎尔巴耶夫来华出席第二届"一带一路"国际合作高峰论坛。纳扎尔巴耶夫26日在下榻的酒店就"一带一路"、哈中关系、中国改革开放和新中国成立70周年等话题接受了中国记者的采访。

纳扎尔巴耶夫说，2013年习近平主席对哈萨克斯坦进行国事访问，在纳扎尔巴耶夫大学发表演讲时首次提出丝绸之路经济带倡议。“正如我们所见，这一倡议对哈萨克斯坦产生了极大影响，150多个国家和国际组织参与进来，互联互通网络得到完善，许多人因此受益。”他表示，哈萨克斯坦没有出海口，但随着“一带一路”建设不断深入，现在有6条铁路和11条公路过境哈萨克斯坦，中哈连云港物流合作基地成为哈萨克斯坦直抵太平洋的出海口。哈萨克斯坦“光明之路”新经济政策与“一带一路”倡议对接顺畅，效果显著。

纳扎尔巴耶夫说，哈中两国是近邻，拥有1700多公里的共同边界线，两国签署了睦邻友好合作条约，解决了所有边界问题，使两国的边界成为友谊与合作的边界。目前两国正在落实的双边合作投资项目达到55个，涵盖工业、建筑业、肉类与粮食加工等多领域，其中15个项目已经建成，另有11个项目将于今年投产。这些项目可望为哈萨克斯坦创造成千上万个就业岗位。“哈萨克斯坦拥有丰富的石油、天然气、金属矿藏，但我们也需要工业和其他产业。目前，哈方与中方正共同推进各项产业合作，这对我们非常有利。独立27年多以来，我们与中国相伴而行，没有遇到任何问题。”

纳扎尔巴耶夫指出，哈中两国在双边和多边场合保持密切协作，共同应对各种挑战。

今年是中华人民共和国成立70周年。对此，纳扎尔巴耶夫说，70年来，中国不断发展、繁荣昌盛，成为全球第二大经济体。纳扎尔巴耶夫表示，中国改革开放40年来的变化是翻天覆地的，中国的发展对全球产生积极影响。“为此，我向中国人民表示衷心祝贺！”

肯尼亚总统肯雅塔：
期待"一带一路"建设为肯中经贸合作注入新的活力

乌胡鲁·肯雅塔（Uhuru Kenyatta），生于1961年10月28日，肯尼亚开国总统乔莫·肯雅塔之子，基库尤族。曾在美国马萨诸塞州阿默斯特学院学习，获政治学和经济学学士学位。

现任肯尼亚总统、国防军总司令。

正在北京出席第二届"一带一路"国际合作高峰论坛的肯尼亚总统乌胡鲁·肯雅塔表示，期待"一带一路"建设为肯中经贸合作注入新的活力，让两国百姓获得更多利益。

肯雅塔总统当天上午出席了肯尼亚-中国经贸洽谈会并发表演讲表示，"一带一路"框架下，肯中两国互利共赢合作保持良好势头，目前部分合作项目已经实现盈利，一些正在建设中，还有更多项目将陆续上马。他说："昨天我和我的朋友及合作伙伴——中国国家主席习近平进行了富有建设性的会谈。在谈话中，我们强调，两国要加强在投资领域的合作，保证在基础设施建设合作方面可以吸引更多投资，增加就业，刺激经济的发展，促进产业领域的互利合作。今天一大早，我很高兴地看到，有这么多的中国投资者参加了今天的洽谈会。你们的到来，证明了中国与肯尼亚开展经贸合作、中国投资者在肯投资的强烈愿望。"

肯雅塔表示，本着共享这一"一带一路"倡议的基本原则，肯方期待通过本次"一带一路"国际合作高峰论坛吸引更多中国投资者赴肯，与肯方一起开创互利双赢的美好局面。他说："我们不单是希望中国投资者来肯尼亚帮助我们，而是希望你们来投资、来赚钱。你们赚钱，我们也可以赚到钱；你们赚钱，我们可以增加就业；你们赚钱，我们可以发展。这样，共享‘一带一路’倡议成果的目标，才能真正实现。我认为，‘一带一路’倡议就是本着这样的原则，来实现联通世界、促进贸易投资等目标的。我希望你们都能够在其中有所收获。欢迎来肯尼亚，我们一起努力吧！”

缅甸国务资政昂山素季：感谢朋友在困难时帮助

昂山素季（台湾译为翁山苏姬，港澳译为昂山素姬，马新译为昂山舒吉，拉丁转写：Aung San Suu Kyi，1945 年 6 月 19 日 –）生于缅甸仰光，是缅甸非暴力提倡民主的政治家。

1988 年 9 月，缅甸全国民主联盟（NLD）成立，昂山素季担任总书记。1990 年带领全国民主联盟赢得大选的胜利，但选举结果被军政府作废。其后 21 年间她被军政府断断续续软禁于其寓所中长达 15 年，在 2010 年 11 月 13 日终于获释。1990 年获得萨哈罗夫奖，翌年获得诺贝尔和平奖。2013 年，昂山素季宣布竞选缅甸总统。2015 年 11 月 8 日，领导民盟再次在缅甸大选中取得压倒性胜利。

2015 年 6 月 10 日至 14 日，昂山素季应中共邀请访华。

2016 年 3 月 17 日，任缅甸议会发展联合协商委员会主席。

2016 年 3 月 22 日，缅甸全国民主联盟证实昂山素季将出任缅甸新一届政府的外交部长。

2016 年 3 月 30 日，缅甸举行新政府宣誓就职仪式及总统权力交接仪式，在正式公布的新政府部长名单中，全国民主联盟主席昂山素季同时担任4个部门的部长职务。

2018年3月7日，美国大屠杀纪念馆宣布撤销颁发给昂山素季的"埃利·威塞尔人权奖"（Elie Wiesel Award）。"" 一带一路"指导委员会主席。

据中联部网站4月25日消息，根据第二届"一带一路"国际合作高峰论坛统一安排，高峰论坛民心相通分论坛4月25日上午在国家会议中心举办。

分论坛期间，缅甸国务资政昂山素季作为嘉宾做主旨发言。昂山素季表示，我今天是带着友谊而来，友谊是建立在相互信任和理解的基础之上的，没有相互信任和理解，就不会有真正的友谊与合作。每一次国际会议的场合都是我们加强友谊的机会，让我们找到共同的立场，能够让我们为建设更美好的世界做出贡献。我们解决问题的方法有很多，可以以友谊的名义积极解决，也可以消极的解决。

昂山素季说道，我们希望在相互信任和理解的基础之上建立合作和友谊的关系，而不是一种以影响力和权力为基础的合作，我们希望世界变成所有人都喜欢看到的模样。对于中国和世界各国的朋友们来说，我们世界所面临的挑战就是怎么样推动进步，与此同时也不放弃我们的价值观，特别是人类之间的友谊和幸福的价值观，否则我们就无法建立真正意义上的"地球村"，打造和谐的生活。我感谢在座的朋友们和我们站在一起，尤其是在我们遇到困难时给予我们帮助，特别是在我们国家还在初步发展中，面临各种各样的挑战和困难的时刻，我们感谢那些信任和理解我们的人，我们相互尊重，也期待着进步与发展，希望能够为世界人民的福祉做出贡献。

昂山素季最后指出，中国对于我们来说是一个榜样，也就是证明了有决心、有了努力与勤奋，最后能够得到什么，世界上没有任何一个国家在勤奋这点上能够超越中国。

尼泊尔总统班达里：“一带一路”开垦人类的美丽花园

比迪娅·德维·班达里，女，现任尼泊尔总统，尼泊尔共产党（联合马列）副主席。2015 年 10 月 28 日当选尼泊尔总统，这也是尼泊尔首位女性国家元首，以及世界首位共产党女总统。2018 年 3 月 13 日，尼泊尔现任总统比迪亚·德维·班达里再次当选为总统。

尼泊尔首位民选女总统比迪娅，在总统府会见了凤凰卫视摄制组一行，并接受了她上任后首个华文电视专访。她表示希望在中尼关系进入第 61 个年头之际，加入新的动力与活力。

尼泊尔总统班达里：“一带一路”开垦人类的美丽花园。“一带一路”倡议富有先见之明，志存高远，为了共同利益，国际社会有责任追随它确立的崇高目标，为目标的成功而共同努力。尼泊尔是中国的亲密邻国，我非常荣幸能够参与本次论坛，也衷心祝愿第二届‘一带一路’国际合作高峰论坛成功召开。这次论坛是中国不懈努力的成果，我认为所有参会国家都会从中受益。

尼中两国是亲密友好邻居，两国始终相互尊重彼此核心利益。中国是尼泊尔非常重要的发展伙伴：每年都有很多中国游客到尼泊尔旅游；中国在工业、基础设施等领域对尼泊尔的投资也很多。

2017 年5 月，中尼两国共同签署中尼“一带一路”合作备忘录。班达里说：“尼泊尔经济发展水平不高，因此需要包括中国在内的国际社会的大力支持。我们愿意学习中国的发展经验，助力尼泊尔的经济发展。"她指出，尼泊尔的命运和中国是连在一起的，尼泊尔的未来和中国的未来也是紧密相连的，尼泊尔将在中国的发展过程中受益。尼泊尔希望在'一带一路'框架下同中国进一步加强各领域合作。"她说。

班达里说，中国国家主席习近平提出的"一带一路"倡议极大推动了世界各国的合作与共同发展，并且为世界和平与稳定做出了不可磨灭的贡献。尼泊尔民众也十分欢迎这一倡议。

她直言，在共建"一带一路"的过程中，我们也面临着一些挑战：比如气候变化、贫困等问题所带来的困扰，比如有些人担心的所谓"债务陷阱"问题。这都需要所有参与国携手共同应对。

她具体指出，"一带一路"倡议给各参与国提供了积极的帮助与互相合作的舞台，这其中就包括贷款与援助。中国的资金能促进各伙伴国的发展，这些资金会不断运转，在各领域持续发挥作用，所以我认为"债务陷阱"是一个谣言。

"一带一路"倡议的参与国家与地区有着多种多样的文化背景。班达里表示，我们应尊重彼此之间的文化差异，就好像花园里有不同颜色、不同大小的花，我们可以采集这些花，然后精心编织，就能做成美丽的花环。我认为"一带一路"建设也包含着文化方面的交流，各国可在"一带一路"框架下加深对彼此文化的认识、增进认同感。"'一带一路'倡议是以相互合作、互利共赢为基础的，这需要我们积极参与，互相学习，从而取得丰硕的合作成果。

"我代表尼泊尔，衷心地祝福习近平主席提出的'一带一路'倡议发展得更好，祝福本次高峰论坛取得圆满成功。"班达里最后说。

巴布亚新几内亚总理奥尼尔：巴新愿搭乘“一带一路”发展快车

巴布亚新几内亚总理奥尼尔表示，中国致力于与各国共建“一带一路”，致力于构建“人类命运共同体”，与各方共享机遇、共同发展、共同繁荣，这些发展理念在当前国际形势下有着重要的意义。

我觉得这些理念非常有建设性，会为国家的经济发展带来持续增长。最重要的是，中国在基础设施建设领域进行投资，这些会改善民众的生活。所以，这些理念令我们备受鼓舞，而且“一带一路”建设已经为世界上许多国家的发展作出重要贡献。4 月，我将参加在北京举行的第二届“一带一路”国际合作高峰论坛，我很期待与中国政府和习近平主席加深合作与交往。

我认为，我们两国的关系正在一年一年变得越来越紧密，我们的合作伙伴关系也提升到历史最高水平。中国政府和企业与巴布亚新几内亚贸易往来越来越多。

巴布亚新几内亚有很多自然资源，我们希望中国也可以利用这些自然资源实现经济增长，这样双方都会受益，令经济得到增长。

事实上，在过去的 8 年中，我对中国进行了大约 12 次访问，我觉得这很清楚地表明我们坚定与中国保持关系的决心。中国是一个发展非常快的经济体，可以看到中国民众的收入，从较低的收入达到中等的收入，这是其他国家无法取得的成就，所以，我们要向中国学习很多东西。我们现在也有庞大的农村人口，就像中国 40 年之前，我们希望可以改善民众的收入状况，让他们得到较好的生活条件，较好的医疗健康和教育条件，我觉得中国经验可以让我们得到很好的发展。

中外大使谈“一带一路”

中国与白罗斯：同呼吸共命运

鲁德·基里尔·瓦连其诺维奇，白罗斯共和国驻华大使。

2000 年毕业于白罗斯国立经济大学，取得金融信贷专业学士学位。

2000—2001 年任白罗斯国立经济大学金融系助教。

2001 年获得白罗斯国立经济大学金融（汇率研究）博士学位。

2002—2007 年任白罗斯国立经济大学金融与银行学院副院长。

2004 年获得美国印第安那大学富布赖特奖学金。

2007—2012 年任白罗斯共和国驻中华人民共和国大使馆商务顾问。

2012 年获得白罗斯国立经济大学博士后学位（国际经济均衡研究）。

2013 年 1 月—6 月任白罗斯华为技术有限公司副总经理。

2013 年 6 月—2016 年 6 月任白罗斯共和国总统经济顾问。

2016 年 7 月任白罗斯共和国驻中华人民共和国特命全权大使至今。

曾出版多部著作，其中最畅销的是

《Financial Diet：State Capitalism Reforms in Belarus》

《Because We Decided So：Behavioral Economics in Belarus》.

作为白罗斯驻华大使，我个人的经历恐怕是两国同呼吸共命运的最好写照。时至今日，我已经在中国生活了八年，中国就好像我的第二故乡。15岁起我就在美国的加利福尼亚州上高中，对于一个从美国来到中国的我来说，我对中国的第一印象是十分的奇妙。上学期间，我的同学们大多寄宿在美国人家庭里，而我是唯一一个寄宿在一个中国华侨的家里。自此我第一次接触到了中国美食和传统文化。10年后，我又加深了对中国的印象，那是我在美国（印第安纳州）参加富布赖特项目期间，我主要研究新兴经济体，中国也在我的研究范围之内。

2007年我作为白罗斯大使馆的商务顾问第一次来到中国，自此开始了我的外交使命。在这期间，我和中国有了更多的关联。比如，我和一位白罗斯女孩在中国结的婚。现在我有两个儿子，一个在中国学校学习，另一个在上中国幼儿园，他们两个都会说中文。我在白罗斯驻华使馆工作5年多以后，我回到了白罗斯，至今仍然心系中国。

我在白罗斯的中国华为公司的领导岗位上工作了一段时间。之后我给白罗斯总统当了三年的经济顾问。在2016年白罗斯驻华大使职位空缺，这次我是以大使的身份再次来到北京，这里也是我开启外交生涯的地方。

我很幸运工作和生活在邓小平和习近平时代，见证了很多重要的历史时刻，并且也感受了不同的发展阶段。此外我很荣幸能有机会将我最好的年华奉献给发展白罗斯和中国的双边合作上。

虽然，我们两国远隔6000公里，也没有共同的边界线，我们各自有着不同的文化、政治体系、历史传承、地理位置、国土面积。但是，我坚信白罗斯是同中国同呼吸共命运的兄弟和伙伴。

作者在中白“大石”工业园内接受当地媒体采访

中国领导人把白罗斯人和中国人称为“铁兄弟”。为什么呢？有三个原因让我来讲述一下，为什么我们是同呼吸共命运的兄弟加伙伴：

历史渊源

我曾经时不时地问中国朋友知不知道白罗斯，大多数的回答都是不知道。有人说白罗斯就是生活在哈尔滨的“白俄罗斯人”。也有人说白罗斯是俄国的一部分所以叫“白俄罗斯”，并且他的边上就是“黑俄罗斯”。很多的中国朋友了解并知道我们，是归功于我们的总统鲁卡申科和他的儿子参加了2015年在北京的阅兵仪式。

关于我们国家名字的由来有很多的传说。在这里我跟朋友们分享一个我最喜欢的，当年成吉思汗曾试图征服白罗斯的领土，但是他失败了，所以她仍然保持独立，白罗斯民族没有被混血，保持着血缘纯粹，被称为“白俄罗斯”——白罗斯。白罗斯最早在第十至第十二个世纪建立的第一个国家叫波洛茨克公国。到了第十三至第十四个世纪，她变成了立陶宛的一个大公国，并产生了欧洲的第一部宪法。此后，她成为波兰的一部分。在波兰立陶宛联邦时期，那时期的城堡遗迹和骑士传统也逐步留在了我们的土地上。

这是作者在中国的家（摄于2017年6月1日）

白罗斯有着悲惨的历史，饱经战乱之苦，我们的民族为了争取独立不停地在抗争，她先后是欧洲和俄罗斯的一部分。例如，在拿破仑战争时期，白罗斯人面临着两面作战。1917年，白罗斯成为白罗斯加盟共和国，即苏联的一部分。二战伊始，希特勒首先通过白罗斯攻击苏联，三年里白罗斯一直处于德国占领之下。今天如果在欧洲旅行，一路走过捷克共和国、法国、英国，最后来到白罗斯，你会奇怪地发现为什么白罗斯的老建筑相比其他国家少。原因就是这里经历了太多的战争的洗礼，白罗斯每个城镇都饱受战乱，许多城市被摧毁。每个白罗斯家庭都有在这场战争中丧生的人，每个人都有关于这些战争的悲惨故事。

例如，我的祖父曾是游击队员，德国人来到我家杀害我的家人。那时，我父亲还是个孩子，他躲在死人堆里逃过一劫，但是我的祖母就没有那么幸运。当白罗斯从德国人的手里解放的时候，我的祖父又去参加了解放欧洲的战争，在那里被俘虏。战后，那些被俘虏的人被送到俄罗斯乌拉尔郊外的监狱，为了陪伴我的祖父，我的父亲在俄罗斯乌拉尔郊外度过了10年。白罗斯有很多这样的故事，都类似于中日战争。多亏了这些历史，白罗斯人和中国人有了很多相似点。我将举出两国命运共通的三个例子。

首先，我们都有着恐怖和残酷的战争经历，所以我们的人民都向往和平。我们记得南京的悲剧。白罗斯有数百个像南京这样的城市和居民一起被摧毁。如卡廷惨案。我们一起打击德国纳粹主义和日本军国主义。中国游击队员在白罗斯作战，白罗斯飞行员在武汉上空击落日本飞机。因此，我们的国家都憎恨战争。

见证中白两国国防部合作签约

我们通过谈判解决问题。当俄罗斯和乌克兰之间的冲突加剧时，白罗斯为双方谈判提供了平台。就像中国已经成为今天朝韩问题不可或缺的一方。我们是相似的，因为白罗斯人和中国人都经历过屈辱，因此我们对彼此尊重。历史上，白罗斯被多个欧洲国家占领过，如俄罗斯，德国。白罗斯独立的那天—7 月 3 日是我们的首都明斯克脱离法西斯分子的日子，这绝非巧合。

苏联解体后，我们把我们的国家从“白俄罗斯”变成了白罗斯，这也绝不是偶然的。白罗斯最近已经成为一个独立的国家，所以我们非常重视我们的独立性。同样地，在上个世纪，中国被日本、欧洲人羞辱，现在外交政策是中国的首要任务，主权和领土完整问题至关重要。

其次，我们是相似的，因为白罗斯人和中国人记得苏联的往事，他们经常把自己同苏联做比较。

办公桌上的邓小平雕像

第三，我们是相似的，因为我们地处我们区域的中心，所以我们环顾四周，拥有两面性。中国是中间王国（位于欧亚之间）。白罗斯在两个文明之间：西方和俄罗斯。因此，白罗斯人像中国人一样形成了两面性：这两者都是可能的，真相是介于两者之间。市场和国家，个人主义和集体主义，克制和情感性，同时。由于这种不确定性，信任在家庭中形成，这在中国和白罗斯的传统里很重要。

政治理念

两国领导人卢卡申科（曾担任总统24年）和习近平是伟大的老朋友了。他们两位在政治上有着相似的价值观和看法。他们都进行大规模的反腐败运动。还有就是维护社会稳定和社会公正。

与中华人民共和国商务部长钟山会晤

他们都相信国有企业的力量。既重视区域发展，又注重个体企业，并亲自考察全国各地。二者都注重军队的改革。他们不仅在工作中，而且在日常生活中也很相似。他们的家人都是好朋友。

在年度会议的特殊的政治环境下促使两国领导人的关系更加密切了，这有助于形成一条共同发展的道路。我给你们举三个例子，说明两国是如何走在同一条道路上的。

第一，白罗斯和中国具有最高规格的双边关系。2016 年 9 月，两国建立了高度信任的全面战略伙伴和互利合作关系。与此同时，卢卡申科总统授予习近平主席“和平与友谊”奖。中国领导人成为此项奖项的第一位获奖者。

第二，白罗斯和中国正在不断加深双边外交关系。白罗斯成立了驻上海总领事馆。去年，白罗斯增加了使馆外交官的数量（同时减少了外国使团的数量）。2018，白罗斯正式开放驻广州总领事馆。白罗斯和中国在国际组织（联合国、上海合作组织、国际刑事法院）的框架内相互支持。白罗斯是 16 + 1 合作机制的观察员（中欧、东欧国家和中国）。白罗斯和中国是欧洲和亚洲在上合组织中唯一参与 16 + 1 合作机制的两个国家。

第三，白罗斯不仅支持中国的“一带一路”倡议，而且表现出了浓厚的兴趣。白罗斯领土没有海岸线，所以我们的贸易路线主要是陆路。由于中国和欧洲之间的铁路通过白罗斯，“一带一路”倡议推动贸易，使白罗斯成为集装箱运输的贸易中心。如今，从中国到欧洲的所有道路都经过白罗斯。去年，中国的 13 个省份共有 2750 列火车驶过白罗斯。

经贸合作

从宏观角度看，白罗斯的经济体量似乎无法与中国相比。但是，如果换个角度从质量上比较，而不是从总体量来比。白罗斯2017的人均国内生产总值（GDP）为17800美元，占全球所有国家的第72位。在中国，这个数字是16100美元——第83位。因此，白罗斯和中国都是中等收入国家。与此同时，白罗斯的平均月薪不到3000元，在中国约为5000元。也就是说，白罗斯和中国都是走在同一条道路上的发展中国家。我将说出我们在经济上共同的四个方面。

第一，位于明斯克机场附近的中白（大石）工业园。这是中国最大的海外工业园区。园区占地面积91.5平方公里。目前，有36家公司入驻园区。其中有来自白罗斯、美国、欧盟、俄罗斯、中国—招商集团、中联重科、潍柴动力、新竹、华为、中兴等公司。截至2018年底，园区签署的投资额将达到10亿美元。这里有其他国家没有的税收减免优厚政策：一直到2062年，10年不收税再加上10年只缴纳一半税。在园区生产的产品可直接面对俄罗斯和EAGE国家的市场。目前，我们正致力于在园区外进行贸易，为其他国家的市场开放：中国和欧盟。

第二，贸易。白罗斯和中国之间的商品和服务的年营业额为35至40亿美元。贸易逆差有利于中国——22亿美元。白罗斯人买什么样的中国货？由于工资较低，白罗斯人可以负担得起廉价的消费品：衣服、包、玩具、基本生活用品。2017年的白罗斯人从中国购买了11亿美元以上的商品。此外，去年白罗斯购买了近1亿美元的中国电力机车。其余的进口产品是在白罗斯同中国合资的企业的零部件——组装吉利汽车、美的家用电器等。

中国人买什么样的白罗斯产品呢？大部分出口的产品是钾肥，占所有白罗斯对中国出口的76%。这并不奇怪，因为白罗斯钾产量占世界的16%。中国也购买白罗斯食品，最重要的是奶制品。白罗斯每年以10倍的速度向中国出口奶制品。2016年是150万美元，2017年接近200万美元，2018，我们签署了1.14亿美元的合同。白罗斯是世界上第七大牛奶生产国。今年白罗斯牛奶将在中国电子平台天猫上销售。今年一月，第一家白罗斯食品杂货店在重庆开业，成都将迎来另一家开业店。六月，一家联合乳品贸易公司在上海注册。中国市场为白罗斯牛肉和家禽生产商开放。此外，白罗斯向中国供应石油化工、晶体管、木工产品和农业机械。目前主要目标创建无障碍的银行支付体系。

第三，基础设施项目。这里要感谢中国的贷款和中国公司，能源、道路、水泥和木材工业都已经现代化了，明斯克还建造了北京饭店等设施。无论是在中国还是在白罗斯，通过建设工厂、基础设施、住房等措施，经济增长受到了很大的关注，这也导致了债务的增长，现在白罗斯和中国一样，正在改变其增长模式，从数量转向质量。2016 年，两国元首决定将双边合作的重点从贷款转为中白产业园发展。

第四，服务。2018 年是中国白罗斯旅游年。因此，白罗斯和香港取消了签证，并在青岛中国大陆签署了为期 30 天的免签证协议。为中国游客建造了很多基础设施：如机场、银行、博物馆和商店里都增加了中文标志牌。从北京到明斯克有直达班机。这里有白罗斯和中国菜系（湖南、兰州面条等）。对于中国游客来说，已经有了一些特色的旅游路线：博物馆、第二次世界大战纪念碑、军事堡垒、红色旅游景点、白罗斯城堡、森林、湖泊、河流、剧院、芭蕾舞、艺术和品牌商店。白罗斯以其美丽、体操而闻名。大约有 80 名奥运冠军来自白罗斯。总的来说，白罗斯是一个非常美丽、非常干净的国家，气候宜人，PM2.5 数值很低，不超过 9。白罗斯有高度发达的医疗体系。例如，我们是世界上婴儿死亡率最低国家之一，顺便说一下，为了庆祝中共第十九届全国代表大会，白罗斯总统卢卡申科向中国的朋友们赠送礼物，并邀请 300 名中国儿童去白罗斯接受医疗服务。

2019 年我们计划在教育方面专注投入。白罗斯女作家斯维特兰娜·阿列克谢耶维奇因获得著名的诺贝尔文学奖而被中国所关注。这是白罗斯高品质教育的最好体现。今天，在白罗斯和中国的教育中心之间有超过200 个项目。超过2100 名中国学生在白罗斯大学学习。最受欢迎的专业是经济、法律、IT、音乐。在白罗斯学习中文的主要优点是安全、低成本、高质量以及可以有机会在白罗斯的中国企业中就业。现在白罗斯有4 所孔子学院和7 个孔子学院课程。近800 名白罗斯人在中国的大学里学习。中国还有几个白罗斯研究中心：北京第二外国语大学、天津外国语学院、华东大学，还有一个将在四川大学开设。

最后，我想概述一下主要问题——将白罗斯人和中国人作为命运共同体链接起来的纽带是怎么形成的？这不仅仅是历史渊源、政治理念和经贸合作，更主要的是双方的信任。我们的双边关系建立在相互信任的基础上。我们始终保持坦诚相待，彼此开放，没有秘密，没有矛盾。但信任就像一块玻璃双方各拿一头。他们通过经济、政治、历史和人类命运来连接白罗斯与中国的关系，就好比我自己的这些经历。我希望这篇文章会启发你，使我们彼此不再遥远、不再陌生。

谢谢！欢迎来白罗斯！

"一带一路"的交汇点——伊朗

华黎明，1939 年生于上海，先后就读于北京外国语学院英语系和北京大学东语系。1963 年入外交部，先后在驻阿富汗、伊朗使馆和外交部西亚北非司工作，曾担任周恩来、刘少奇和邓小平等国家领导人的波斯语翻译。1988 年任外交部西亚北非司副司长。

1991—2001 年先后出任中国驻伊朗、阿联酋、荷兰大使兼中国常驻禁止化学武器组织（OPCW）代表。

1998 年被阿联酋总统扎耶德授予"一级独立勋章"。

现任中国国际问题研究院特聘研究员、中国联合国协会常务理事。

伊朗是"一带一路"上拥有重要战略地位的国家，与中国关系十分友好。不幸的是，伊朗"伊斯兰革命"后被西方媒体深度妖魔化，曾被美国称为"邪恶轴心"，国际上对伊朗颇多误读。中国一些公众对伊朗的认知也不很清晰，感觉伊朗很"神秘"。

其实，伊朗既不"邪恶"也不"神秘"。笔者从 1971 年中伊建交至今与伊朗打交道 40 余年，其中 10 年是在伊朗度过的，深知这个国家之地大物博，这个既伟大又苦难的民族的深厚文化底蕴。

伊朗很重要

伊朗很重要，首先是因为这个国家的战略地位：北邻中亚和高加索，南濒波斯湾和印度洋，东接南亚次大陆，西连阿拉伯世界，是欧亚大陆几大地缘政治板块的交合点。波斯湾沿岸八个产油国供应世界60%的能源，而伊朗控制海湾北岸480公里的海岸线及其咽喉霍尔木兹海峡。伊朗是中亚通往印度洋唯一通道。就“一带一路”而言，伊朗既是丝绸之路经济带连接亚欧的纽带，又是海上丝绸之路贯通东西的接驳点。

伊朗是里海和波斯湾两大世界级油田之间的桥梁，是世界第四大产油国，日产石油能力350万桶；是世界第二大天然气生产国，日产5亿立方米。

伊朗国土面积1684000平方公里，居世界第17位，超过法国、德国、荷兰、比利时、西班牙和葡萄牙的总和，相当于4个伊拉克、3个阿富汗。伊朗人口7700万，75%在35岁以下，劳动力充足且受教育程度高。

早在2500年前，波斯人曾建立了人类历史上第一个超级大国，西起希腊、马其顿和色雷斯，南至利比亚和埃及，北至高加索，东至旁遮普。如同希腊和中国文化一样，至今伊拉克、中亚、阿富汗、印度、巴基斯坦、孟加拉等都属于波斯文化圈。在中东地区，只有波斯语和希伯来语是2500年延续至今的语言。伊朗是世界上少有的国土、版图和文化2500年连续不断的国家。

伊朗首都德黑兰

笔者在伊朗工作期间几乎走遍了这个国家的东南西北，她的国土面积虽然只有中国的1/6，但是地形地貌、自然环境和气候条件的多样性酷似中国。首都德黑兰四季分明，北面的阿尔博兹山脉终年积雪，德黑兰二千万居民用的都是融化的雪水，水质在世界大城市中名列前茅，夏日炎炎时总能看到北面山上的积雪。从德黑兰翻越阿尔博兹山仅100公里到达里海，沿岸一派中国江南的景色，气候温和，雨量充沛，森林密布，水稻田和茶园延绵不断，是伊朗的鱼米之乡。西方人餐桌上的奢侈品黑鱼子酱（CAVIAR）就产在这里。伊朗中部的沙漠和盐碱地周边盛产开心果，品味上乘。鱼子酱、开心果和波斯地毯是伊朗的三件宝。伊朗南部波斯湾沿岸类似中国广东和海南岛的自然条件，夏季炎热，冬季温暖如春，是欧洲人冬季的度假胜地。

在中东，伊朗称得上是个地大物博的国家。

伊朗和中国的共同语言

笔者亲身经历了统治伊朗的两个政权（巴列维国王和伊斯兰革命政权），结识了许多不同宗教信仰、政治倾向、不同年龄层次的甚至是相互敌对的伊朗人，他们的共同特点是都有强烈的波斯民族、文化和历史的认同感。伊朗人不管属于哪一个党派，无论在世界哪个角落都热爱自己的祖国。

中华民族与波斯民族的历史遭遇十分相似：都有数千年的文明史，创造了伟大灿烂的文化，都是曾经的强国；在西方工业化后，两个民族都衰败了，并遭受列强的欺凌。如同“中国梦“一样，伊朗人也有一个“波斯梦”。

伊朗在近代一度沦为大英帝国和沙皇俄国争夺势力范围的角逐舞台。在20世纪发生两次世界大战中，保持中立的伊朗都曾被英、俄占领，伊朗发现石油后，石油资源遭西方掠夺。二战结束后，伊朗又成为美国的冷战工具，美国通过巴列维政权主宰伊朗近1/4个世纪。伊朗朋友每每谈及近二百年自己祖国的历史都深感屈辱。

笔者亲历了1979年霍梅尼领导的伊朗伊斯兰革命。成千上万愤怒的群众抗议巴列维国王的原因之一就是国王过于亲美，不仅与美国结盟，而且将伊朗这个国家的命运拱手交给了华盛顿，深深刺痛了伊朗人的民族自尊。1979 年 1 月 26 日，国王在伊朗民众一片抗议声中离开伊朗时，笔者目睹德黑兰万人空巷，百万人上街载歌载舞，马路上行驶的汽车大白天打开大灯鸣笛，当街宰羊，以示庆祝。1980 年笔者又见证了两伊战争的爆发。当年，伊拉克萨达姆乘伊朗新政权立足未稳大举入侵伊朗，挑起了惨烈的两伊战争。八年战争伊朗战死 13 万人，伊朗人普遍认为是美国支持萨达姆发动了战争。了解这段历史就能理解为什么伊朗新政权执政以后会如此地反美。

对美国的态度，中国和伊朗不尽相同。1979 年中美建交之时正是伊朗与美国断交前夕，与美国和西方的关系，中伊并不相向而行。但是，在维护国家独立和民族尊严方面中伊因为有相似的遭遇因而有共同语言。身为驻伊朗大使，笔者深感这是中伊友好关系最重要的政治基础。

伊朗本地妇女的着装

既东方又西方　既伊斯兰又现代

作为一个文明古国，伊朗的东方色彩十分强烈。伊朗人十分看重几千年文化历史的传承。在伊朗，不分男女老幼，几乎人人会背诵波斯历史上大诗人哈菲兹、萨迪、哈亚姆和鲁米的诗，不少人还会整段背诵菲尔多西的史诗《列王记》。伊朗历经战争和自然灾害，对文物的保护却是世界一流的。伊朗人重视家庭亲情和教育，相信多子多福。家族关系是伊朗人的主要社会关系。

伊朗的阿舒拉节

1979 年伊斯兰革命后，伊朗社会高度伊斯兰化，对妇女着装、异性之间的社交和饮食政府都有严格规定。

然而，伊朗位于东西方文化交汇点，加上巴列维父子两代人统治期间的全盘西化，伊朗人崇拜和仰望西方的技术和产品。依笔者的经验，伊朗搞工业的人言必称西门子，石油部门的人言必称壳牌和道达尔，开车的人言必称宝马、雷诺和标致。尽管与美国断交36年，伊朗城市居民几乎家家户户都有子女在美国或欧洲留学。

伊朗的婚礼是一道风景线。按伊斯兰教规，新郎和新娘必须分两地举行婚礼，男宾只见新郎，女宾只见新娘，双方不能见面。但是也有许多伊朗城市居民避过当局的视线，在封闭的空间举行十分西化的婚礼，新郎穿最时髦西服领结，新娘的婚纱也十分靓丽，婚礼男女混杂，载歌载舞，庆祝至深夜。以上两种婚礼笔者在伊朗期间都参加过，赞叹东西方文化在伊朗的并存。

伊朗见闻

伊斯兰革命后，伊朗大城市中的酒吧、舞厅都被关闭，每晚的亲朋聚会成为伊朗城市居民夜生活的主要内容。笔者在伊朗期间曾应邀去许多伊朗朋友家作客参加此类聚会。聚会开始时参加者都竞相背诵波斯的诗歌，兴致极高时开始晚餐，餐后大家唱歌跳舞，上至八十岁老人，下至五六岁儿童，人人能歌善舞。歌舞都是传统的波斯音乐和舞蹈，而人们的穿着却非常西化。由于西方的制裁，伊朗的经济情况并不好，人们的收入也不高，但是伊朗人的幸福指数不算低。

伊朗的80和90后年轻人穿着越来越大胆，网络和手机成为这一代伊朗人良好的信息和社交的主要工具，看好莱坞大片，男女青年在大街上手拉手散步，在伊朗越来越多。这就是今天真实的伊朗。

打手机的伊朗女性

核问题的困扰

2003年以后，伊朗的核技术迅速发展，引起国际社会对伊朗发展核武器的疑虑。美国也借核问题不断对伊朗施压。2006年至2010年联合国安理会因伊朗发展核技术分别通过四项制裁伊朗的决议。2013年，奥巴马任美国总统后期，美国与伊朗关系开始缓和。经过长达18个月的谈判，2015年7月14日，包括美国在内的世界六强（美、中、俄、英、法、德）与伊朗在维也纳签订了《关于伊朗核计划的联合全面行动计划》（简称JCPAO，伊朗核协议），随即获联合国安理会批准。伊朗以限核换取了国际社会撤除对伊朗的部分制裁。协议保留了伊朗的核潜力，因此它不完备，但是在当下实实在在地阻止了伊朗跨过核门槛和制造核武器的能力，拔除了中东爆发另一场战争和核扩散的引信。这是国际社会共同努力的结晶，为谈判解决核扩散问题建立了一个良性的案例。

笔者递交国书给伊朗总统拉夫桑贾尼

2017年，特朗普任美国总统后对伊朗采取了强硬政策，美国与伊朗关系迅速恶化。2018年5月8日，特朗普宣布退出伊朗核协议，并于2018年8月发起对伊朗第一轮制裁，禁止伊朗购买美元、黄金和重金属，禁止向伊朗出口化工产品等。美国还宣布将于2018年11月4日禁止购买伊朗石油。

美国退出伊核协议的恶果是显而易见的。首先是增加了中东爆发战争的风险。美国退出伊核协议意味着将恢复对伊朗的全面制裁，伊朗的石油出口将再度中断，生命线被掐。伊朗已经警告，如美国迈出这一步，伊朗将立即重启核计划。已经停产的一万台离心分离机重新运转，20%浓缩铀将恢复生产，跨越核门槛在朝夕之间。一旦发生，以色列将毫不犹豫对伊朗核设施实施军事打击，美国被拉下水，导致一场灾难性的战争。加上特朗普挑起的中美贸易战如果不幸发生，刚刚开始复苏的世界经济遭双重打击，将再度坠入低谷，全世界都将为美国的错误埋单。

中斯友谊万古长青

斯里兰卡民主社会主义共和国驻华大使**卡鲁纳塞纳·科迪图瓦库**

作为著名的学者、经济学家、外交家和政治家。卡鲁纳塞纳·科迪图瓦库在克蓝尼亚大学接受高等教育，于1968年，获得经济学学士学位，之后获得了新英格兰大学（澳大利亚）科伦坡计划奖学金的经济学硕士学位，并获得了Sri Jayawardanepura大学的博士学位。

他以斯里兰卡Sri Jayawardenepura大学经济学高级讲师的身份开始了自己的职业生涯，后来成为该大学的副校长。他曾任斯里兰卡驻日本和韩国大使，斯里兰卡西北省第三任省长。在当选为代表科伦坡地区的国会议员后，他于2001年至2004年被任命为内阁教育、人力资源开发和文化事务部长。

科迪图瓦库博士于2003年被提名为斯里兰卡加入联合国教科文组织执行委员会的候选人。2003年至2007年，他当选为联合国教科文组织执行局亚太地区代表，在法国巴黎联合国教科文组织总部举行的选举中，他获得了最高票数和创纪录票数。

2015年，科迪图瓦库博士被任命为斯里兰卡驻中华人民共和国大使。同时他还是蒙古和朝鲜的不常驻大使。

斯里兰卡和中国作为亚洲的两个国家，几个世纪以来一直保持睦邻友好的关系。两国之间的文化和贸易交流频繁，从1948年2月斯里兰卡恢复独立以及1949年10月中华人民共和国成立时，两国开启了当代的交往关系，由此充分证明了两国的历史渊源和友谊。

斯里兰卡驻华大使卡鲁纳塞纳·科迪图瓦库在使馆内升旗

回顾过去，斯里兰卡于1950年1月5日承认中华人民共和国，并在3个月内成为第一个承认中华人民共和国的南亚国家，为两国当代关系奠定了坚实的基础。斯里兰卡同时也坚持一个中国的政策。之后在1952年，斯里兰卡和中国签署了具有历史意义的两个层面的胶米协议。1952年10月4日，两国商务部长在周恩来总理面前签署了谅解备忘录，同年12月17日签署了备忘录的细节条款。这是中国与一个非共产主义国家签署的第一个贸易协定，30多年来一直在续签，这可能是任何两个国家之间最长期有效的贸易协定之一。在中国有许多年长的前任外交官或高级公务员对斯里兰卡在1952年签署为中国提供充足橡胶的贸易协议深表感谢，由于当时这种材料，正处于联合国禁运的危机时刻，中国无法获得，斯里兰卡此时全力帮助中国并提供原材料，由此西方列强对斯里兰卡深感不满，并且对斯里兰卡实施报复。斯里兰卡和中国于1957年正式建交。

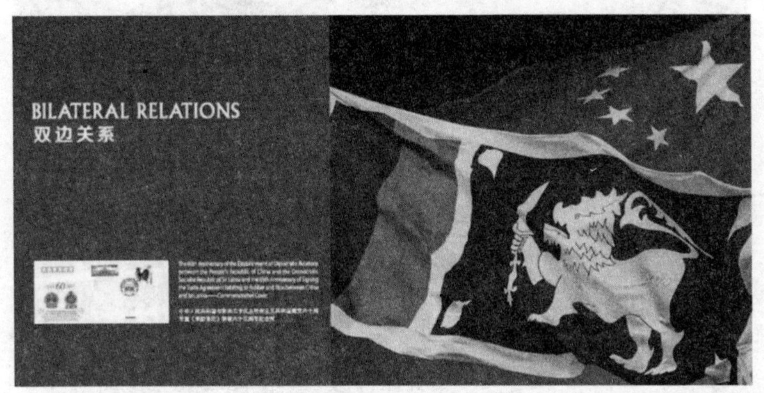

我们正在目睹中国发展成为世界舞台的中心，特别是中国作为世界第二大经济体的崛起。正如中国的一些分析家所言，中国经济正从“世界工厂”向“世界市场”转型。由于中国巨大的经济实力，与中国的经济合作已经成为几乎每个国家不可或缺的一部分。因此，大约65年前，斯里兰卡认识到这个新兴经济巨人的重要性，正如我们当时的贸易和商务部长在1952年预测的那样，“中国必将成为世界贸易中的一个重要因素”。目前，中国是包括斯里兰卡在内的全球大小经济体最重要的经济伙伴。斯里兰卡已经成为与中国贸易、投资和旅游中不可或缺的伙伴。

历史上，十三世纪末，根据马可·波罗记载，当时的皇帝忽必烈派特使前来向锡兰（斯里兰卡）国王购买宝石，国主拥有世界上能见过的，绝无仅有的“最美丽的宝石，特使愿意用一座城市的价值作为回报。此外，明朝时期，15世纪初始，当时的皇帝派遣航海家郑和到斯里兰卡，郑和在斯里兰卡南部竖起了一块三语石碑，祈求佛教、印度教和伊斯兰教为他们的友好和贸易倡议的祝福。

在近代史上，曾任英国驻华大使（理查德·埃文斯）、出版过一本关于邓小平主席的传记，里面写到：我记得第一次见到邓小平是在1964年2月，在锡兰代办（当时还不是斯里兰卡）为庆祝他的国家国庆节而举行的招待会上，邓小平出席会议，是因为中国和锡兰之间的关系需要中国有高层代表，他作为副总理，周恩来的副手之一，同时也是共产党总书记。1972年，当西里茂·班达拉奈克女士对北京进行国事访问时，10多万市民聚集在北京机场和市中心欢迎我们的总理。书中有许多对班达拉奈克夫人的热烈欢迎的图片。

当我们回顾上世纪50年代初以来的当代两国关系时，我非常高兴地说，中斯关系是两国友谊牢不可破的独特典范。我衷心希望这套丛书的出版将进一步加强斯里兰卡和中国之间完美存在的友谊。

给南亚注入新鲜活力的是中国“一带一路”倡议的海上丝绸之路。事实上，海上丝绸之路是几个世纪以来连接南亚大多数国家的最古老的贸易路线之一。它不仅要连接南亚大部分国家，而且要连接南亚国家、非洲和欧洲与中国。21世纪海上丝绸之路在孟加拉国、马尔代夫、巴基斯坦和斯里兰卡已经有几个项目。此外，“一带一路”倡议最终将把阿富汗和尼泊尔连接起来。因此，“一带一路”

建设为广大南亚国家携手合作提供了又一座桥梁。

在2017年5月的“一带一路”国际高峰论坛上，习近平主席总结了关于21世纪斯里兰卡作为海上丝绸之路的至关重要的作用，他回应斯里兰卡总理说，“斯里兰卡曾被称为印度洋上的珍珠，但从现在开始，它将成为“海上丝绸之路”的一颗珍珠。

班达拉奈克夫人访华

在1948年斯里兰卡独立和1949年中华人民共和国成立之前的几个世纪里，由于欧洲殖民主义，两国都历经磨难。中国结束了1840年初签订《南京条约》带来的长达一个世纪的屈辱，斯里兰卡也告别了英国在1815年强迫签订相似条约的近一个半个世纪的屈辱。

只要有需要，两国就互相帮助。中斯友好不仅体现在外交和经济领域，也体现在斯里兰卡国家安全问题上。上世纪80年代末，在我国领土完整面临挑战之际，只有中国警告其它国家不要插手斯里兰卡。

除了中国国家领导人以外，贵国广大民众对斯里兰卡一向非常友好。在过去三年里，我游历了二十多个省、四个直辖市和香港。

我所到之处看到的最显著的现象是，每当我遇到中国朋友，他们对斯里兰卡都耳熟能详，了解它作为旅游胜地的受欢迎程度，了解我们两国之间的历史和当代浓烈的友谊。他们中的一些人解释了前总理班达拉奈克夫人在中国是如何受到欢迎的。这种友好的感情是我在其他国家从未经历过的。所以我们不是新朋友，我们是老朋友。这并不夸张，这是现实。

2017 年 5 月，中国成功举办了“一带一路”国际高峰论坛，与会 100 多个国家、29 个国家元首和政府首脑，包括斯里兰卡总理在内。中国现在已经向国际社会承诺，准备与世界其他国家分享过去 40 年中国所取得的成就。

同样，中国最近在北京会见了所有非洲国家元首、政府首脑，为被西方剥削了几个世纪的非洲人民规划繁荣未来的蓝图。

这两个国际论坛都清楚地表明，中国与参加这些论坛的国家之间的经济伙伴关系具有不可缺少的互补性质。

除了上述观点，我还想借此机会向中国朋友介绍在斯里兰卡的投资和商业机会。斯里兰卡凭借国家重要的地理位置，并且充分利用这个天然条件，建立了一个高效的物流交易中心，给快速增长的南亚和其他地区提供了国际和地区连接，提供更低的成本，更短的时间，以及基础设施快速增长，自由港口和保税区以及增长最快的国际航空货运市场。以下这些行业的机会很多：入境口岸贸易、离岸业务、面向海外客户的前端服务、供应链管理的总部运营以及物流服务。

斯里兰卡除了将自己建立成为便利的国际贸易物流中心外，还在一些关键行业迅速发展成为一个有竞争力的出口国。在服装领域，斯里兰卡已经成为一个可靠、守信、创新和绿色的供应商。他还建立了全球标准，80% 以上的服装厂达到了全球环境和劳工标准。斯里兰卡也是绿色服装生产的先驱，建立了世界上第一家绿色工厂。

斯里兰卡是全球知名企业的大本营，而且已经成为全球领先品牌的青睐基地，包括维多利亚的秘密（Victoria' s Secret）、（GAP）、Next、汤米·希尔费格（Tommy Hilfiger）、拉尔夫·劳伦（Ralph Lauren）、卡尔文·克莱恩（Calvin Klein）、耐克（Nike）和 Abercrombie & Fitch 等领先全球品牌的首选。另外，各大公司也在内衣、运动装和男装领域创建和发展自己的品牌。尽管其主要市场目的地仍是美国、英国和欧盟，但中国是其增长最快的市场，2010 年至 2015 年间对华出口增长逾 70%。此外服装产品和红茶在对中国市场的出口有显着增长。

斯里兰卡还发展了其作为优质橡胶和橡胶产品出口国的可靠性。当然，中国肯定充分意识到斯里兰卡橡胶的质量，因为中国已经签署了 1952 年的《橡胶大米协定》（rubber-rice Pact），这可能是现代历史上最早的贸易协定之一。根据该协定，斯里兰卡向中国出口橡胶，以换取大米。从那时起，斯里兰卡在发展这一行业方面已经领先很多，特别是在增值优质产品方面。斯里兰卡现在是世界上最大的高质量工业实心轮胎出口国，为一些世界领先品牌制造轮胎，包括固特异、马牌轮胎、Wonder Grip 和 MAPA。除了占斯里兰卡橡胶出口 46% 的实心橡胶轮胎，我国还生产充气轮胎、橡胶手套、外科手套和天然橡胶。

当然，如果不提到锡兰茶，斯里兰卡有竞争力的商品就不完整。斯里兰卡是世界上第二大茶叶出口国和第四大茶叶生产国，也是唯一一个所有茶叶种植 100% 臭氧亲和型的国家。斯里兰卡的优质茶叶久负盛名，具有严格的质量控制规定，只有那些达到最高标准的茶叶才会被授予使用著名的“狮子标志”，这是质量的代名词。

近年来，斯里兰卡进一步扩大了茶叶行业，从大宗出口转向调味茶、速溶冰茶、即食茶以及茶叶化妆品等增值产品。茶叶是斯里兰卡对华三大主要出口产品之一，我相信你们也会同意，考虑到中国自己的优质茶叶行业和消费者对绿茶的偏好，这是一个令人印象深刻的成就。我们很幸运，在中国发展得如此之好，以至于一些人认为红茶原产于斯里兰卡。

在质量和可靠性方面，斯里兰卡在很多领域已经建立了声誉，例如宝石，特别是著名的蓝宝石、斯里兰卡本土的锡兰肉桂、鱼类和园艺产品。斯里兰卡的多样化，体现在许多不同的领域：在制成品方面，斯里兰卡成功出口陶瓷、电子产品、家具、草药产品、塑料产品、鞋类和手织机。在农业出口方面，斯里兰卡在香料和水果方面是成功的。

斯里兰卡在货物贸易和国际贸易中提供服务方面的稳定增长将会带来若干项目合作机会，目前正对外公布的投资项目机会如下：

1. 西部区域大都市发展项目（wmpp）的目标是使科伦坡成为亚洲下一个“全球城市”，项目涉及发电厂、公路、海港和机场扩建、电信、铁路和其他运输系统、工业和大规模房地产开发、供水和排水等部门。

2. 汉班托塔海港合资项目，由中国商业集团和斯里兰卡港口管理局共同拥有，指定用于开发这个南部港口作为东南亚地区的一个主要的工业和服务端口，提供在石油行业、制造行业、发电、废物管理和物流服务的投资机会。

3. 结合上述项目，斯里兰卡拟在汉班托塔设立只为中国外商直接投资产业园区。这些投资方将很容易进入毗邻其工业园区设施的港口和机场。他们将享有巨大的南亚市场，以及斯里兰卡享有优惠待遇的西方市场。

4. 科伦坡金融城市发展项目，前身是港口城市，旨在把科伦坡建设成为南亚的金融中心，将吸引投资的高附加值的服务业，建立全球领先的金融服务机构总部以及在新的金融城市内建立其它相关机构。这是由中国国有企业中国港湾工程有限公司发起，并投资14亿美元的大型工程。

5. 旅游行业，自2009年战争状态结束以来，一直发展显著，目前在西部、南部和东部海岸以及环保旅游内陆，旅游业发展呈上升趋势，特别是在种植园地区附近的国家公园，在那里野生动物包括大象是随时可见的。

“进一步发展开发区项目”已经设计规划，在以服务业为目标的中部省份，以及东部港口城市亭可马里，这是世界上工业发展最好的天然海港之一。

斯里兰卡除了在对当地的国际贸易中发挥有形基础设施和物流服务的作用之外，我国还可以在日益增长的电子商务领域有的放矢。

几年前，全球创新指数（Global Innovation Index）将斯里兰卡列为商业创新的地区领导者，在中亚和南亚国家中最佳发展排名第三。斯里兰卡的IT/BPM部门也在快速增长，ICT劳动力增长30%，IT编程增长16%。

纵观中斯关系的全貌，无论是从历史上看，还是从上世纪50年代初以来的当代关系，我非常高兴地说，中斯友好是两个独立国家不断增进相互了解的独特典范。我衷心祝愿这本书能进一步增进中斯两国人民之间的友谊。

文莱："海上丝绸之路"的好伙伴

刘新生，曾就读于北京外国语学院（今北京外国语大学）英文系和北京大学东语系印尼语专业，并赴印尼大学文学院留学进修。1961年进入外交部，曾长期分管东南亚事务。期间，曾先后被派往中国驻印尼、印度和菲律宾使馆工作。1990年任中国驻印尼使馆政务参赞，1993—1998年任中国首任常驻文莱大使。

现为中国—文莱友好协会副会长、中国人民对外友好协会理事、中国—东盟协会理事、中国国际问题研究基金会研究员。

文莱位于加里曼丹岛北部，北邻南海，得天独厚的地理位置决定其自古以来就是东南亚重要的交通枢纽。历史上，郑和船队曾两次到过文莱。如今，文莱独有的区位优势、自然条件以及在"东盟东部增长区"次区域合作中的中心地位决定了其将成为建设21世纪海上丝绸之路的重要一环。

独特的历史渊源

中国与文莱（史称"渤泥"）是同濒一海的友好邻邦，两国人民之间有着长期友好交往的历史。仅有文字可考者，便有两千年以上。远在西汉年代，两国间就有了商品的交换关系。早在唐代（公元669年），两国政府间就开始了正式交往。自宋代以后，两国间的官方和民间的商业和文化往来日益频繁，并开始载入了中国的正史。由于宋、元时代航海事业的进一步发展，两国间的使节、商船往来不绝，早在北宋年间，中国的史书中对于当时的渤泥国的生活和习俗就有了生动而详细的描述和记载。

笔者向文莱苏丹递交国书

明太祖朱元璋在建立大明王朝过程中，认真总结了深刻的历史教训，进而为中国制定了一条和平友好的对外政策，将周边邻国，按其对华态度分为"不征之国"和"谨防之国"二类，并逐一列出，载入王朝的最高法典《皇明祖训》。在众多"不征之国"中就有渤泥。朱元璋还郑重告诫："吾恐后世子孙倚中国富强，贪一时战功（而）无故兴兵，杀伤人命。切记不可！"当朱元璋登基之后，便立即有计划地派遣使节赴四邻友好国家，并一一建立了关系。洪武三年（公元1370年）八月，明廷主动派遣监察御史张敬之和福建行省都事沈秩"奉诏"出使渤泥。经过多次商谈，双方开始正式交往，日益频繁。

刘新生出席中华人民共和国建国45周年国庆招待会

永乐三年，即公元1405年11月，渤泥国王麻那惹加那乃派人到中国朝贡。同年12月，明成祖朱棣派官员封麻那惹加那乃为王，并赠予厚礼。永乐六年，即公元1408年，年仅28岁的渤泥国王毅然决定亲自偕王妃、弟、子和陪臣等150人浩浩荡荡前来中国访问。当渤泥国王一行抵达福建后，明成祖立即派官员前往迎接，并命令所到之处设宴款待。是年8月末，渤泥国王一行到达明朝京都南京，受到明成祖热烈欢迎，因渤泥国王怀着虔诚态度而来，而明成祖热情接待，使当时两国关系有了较大发展。

同年9月加那王不幸染疾，明成祖命御医"善药调理"，天天派人探病，渤泥国王感激万分，对其妻室说，"我疾，贻天子忧念，脱有大故，命也。我僻处荒徼，幸入朝睹天子声光，即死无憾，受天子深恩，生不能报，死诚有负"。接着又对他年仅四岁的儿子遐旺说，"我即不起，其以儿入，拜谢天子，誓世世毋忘天子恩。若等克如我志，瞑目无憾矣!"是年10月，加那王终卒于明朝京都南京会同馆，明成祖异常悲痛，"辍正朝三日"，又派人抚慰其妻室，王妃十分感动。明成祖赐渤泥国加那王谥号为"恭顺"。根据他"体魄托中华"的遗嘱，以王礼将加那王厚葬于南京安德门外之石子岗，即现在的雨花台区中华门外铁心桥乡东向花村乌龟山。据《明实录》记载，自永乐三年至宣德八年的28年内，渤泥国向明朝皇帝朝贡就有10次之多，两国关系达到鼎盛时期，而遗留在南京的渤泥王墓就成了中、文友好的历史见证。

由于几百年的时代变迁，加上战火洗劫摧残，墓园严重损坏，一度湮失，渺不可寻。1958年5月，南京市文物部门重新发现渤泥王墓后，江苏省与南京市政府对保护与修复这一历史遗存十分重视，曾先后6次进行维修，并将其列入江苏省重点文物保护单位。2001年10月，渤泥王墓提升为全国重点文物保护单位。一个外国国王安葬在中国的土地上，这在历史上是不多见的，而其墓地又一直受到中国人民的精心呵护更是不可多得。但在中文两国间，五六百年前这座王墓就已成为历史佳话，诉说着中文两国源远流长的友好关系，也是中外交往的一个友好典范。

友好关系稳步发展

1984年文莱独立后，中国领导人致电祝贺并予以承认。1988年联合国大会期间，时任中国外长的钱其琛会见文莱外交大臣穆罕默德·博尔基亚亲王殿下，这是文莱独立后中文双方首次正式官方接触。此后，两国外长和高级官员多次在联合国和其他国际会议上接触和交往，就如何发展两国关系交换意见，并开始互致国庆贺电。1991 年 9 月 30 日，两国外长在纽约正式签署两国建交联合公报，宣布自当日起建立大使级外交关系。中文正式建交，为两国友好关系发展揭开了新的一页。在双方的共同努力下，两国在政治、经济、文化、军事等领域的交流与合作取得了长足进展。

首先是高层往来十分密切。两国元首和政府首脑互访频繁，文莱苏丹已 9 次访华或来华出席国际会议，特别是 2013 年 4 月，文莱苏丹应习近平主席邀请再次对中国进行国事访问并出席博鳌亚洲论坛 2013 年年会。两国元首积极评价中文关系发展，决定将两国关系提升为战略合作关系，并发表了《联合声明》，为双边关系的长远发展勾画了蓝图。2017 年 9 月文莱苏丹专程来华出席第十四届中国—东盟博览会开幕式，并再次对中国进行国事访问。两国元首一致同意，共同规划好两国未来合作，推动中文关系在新时期得到更大发展，更好造福两国人民。双方高层频繁互访对增进两国关系和两国人民之间的传统友谊、相互信任与合作起到了不可替代的重要作用。

其次是两国贸易额持续增长，并在2001年首次突破1亿美元大关，更为可喜的是2010年达10.3亿美元，比上一年增长142.8%。2014年双边贸易额增至19.36亿美元，较上年增长7.96%。与此同时，投资合作不断拓展。截至2017年7月底，文莱累计对华实际投资27.8亿美元。近年来，中国在文莱的投资也在加快步伐。2011年12月，浙江恒逸石化有限公司在文莱投资建设年加工800万吨原油的石化项目，总投资额34.45亿美元，计划于2019年建成投产。不仅如此，双方的劳务合作逐步开展。中国企业在文莱累计签订承包工程合同额3.7亿美元，完成营业额1.9亿美元。2010年中国—东盟自贸区的建成，使双边经贸合作进入了一个快速发展新时期。此外，华为、中银香港等30余家中企也纷纷在文莱扎根，为文莱市场注入活力。

三是其它领域交流与合作日益拓展。建交以来，在经贸合作不断加强的同时，双方在其他领域的交流与合作也取得了明显成效。两国在民航、卫生、文化、旅游、体育、教育、军事、司法等领域的交流与合作逐步展开。先后签署了《民用航空运输协定》、《卫生合作谅解备忘录》、《文化合作谅解备忘录》、《中国公民自费赴文旅游实施方案的谅解备忘录》、《高等教育合作谅解备忘录》、《旅游合作谅解备忘录》。为便利双方人员交流，自2003年7月起，中国对持普通护照来华旅游、经商的文莱公民给予免签证15天的待遇。2005年6月，两国就互免持外交、公务护照人员签证的换文协定生效。2010年3月，文莱皇家航空公司重开斯里巴加湾至上海航线。从2016年5月1日起，文莱对中国游客放宽落地签证政策，希望吸引更多的中国游客。2016年到文莱旅游的中国游客达到4.1万人，比2015年增加11%，2017年第一季度中国游客比上年同期增长25%。中国已成为文莱第一大游客来源国。现在到中国留学、培训的文莱人也越来越多。双方对彼此的了解和认知在不断加深。

最后，在地区和国际事务保持着良好的协调和配合。双方赞赏中国与东盟关系近年来取得的显著进展，一致同意密切合作，共同推动中国东盟战略伙伴关系的发展。双方认为，进一步巩固和发展上述关系符合有关国家的共同利益，有利于亚太地区的和平、稳定与繁荣。双方表示将继续致力于维护南海地区的和平与稳定，与东盟其他国家一道落实《南海各方行为宣言》后续行动，并愿探讨在南海开展合作的途径。双方还同意加强两国在联合国、东盟地区论坛、亚太经合组织、亚欧会议、世界贸易组织以及其他国际和地区组织中的协调与配合，以进一步促进和平、稳定与发展。在次区域合作方面，文方欢迎中方支持并参与地跨文莱、印尼、马来西亚和菲律宾的“东盟东部增长区”建设。

借力“海上新丝路”

多年来，文莱一直将石油和天然气出口作为国家经济支柱，但随着近年来国际油气价格暴跌以及本国油气储量逐渐减少，文莱政府希望摆脱油气单一经济模式，实现经济多元化。早在10年前，文莱政府制定了“2035宏愿”蓝图，其主要目的就是推动经济多元化发展战略，在延伸油气产业链的同时，努力发展进口替代型和出口加工型工业以及农业、渔业、旅游、金融、信息服务等产业。中国提出的“一带一路”倡议正好符合这一蓝图的目标。因此，文莱政府积极回应“一带一路”倡议，积极加入亚洲基础设施投资银行

（亚投行）并成为创始成员国，希望借此机会搭上“一带一路”建设的顺风车，带动文莱经济向多元化发展。

为此，文莱将广西作为与文莱进一步深化友好合作新平台，为各自发展赢得更多资源和空间。2014 年 9 月，在时任文莱工业与初级资源部部长叶海亚和时任广西壮族自治区主席陈武的共同见证下，《文莱—广西经济走廊经贸合作谅解备忘录》在第十一届中国—东盟博览会专场签约仪式上正式签署。文莱—广西经济走廊旨在充分发挥文莱清真产品认证、资金充裕和连通广大穆斯林市场的优势，以及广西自然和劳动力资源丰富，研发、制造、工艺技术先进等优势，在农业、工业、物流、清真食品加工、医疗保健、制药、生物医药、旅游等领域开展全面合作。

笔者接受文莱苏丹的接见

2015 年 3 月，时任广西壮族自治区党委书记、自治区人大常委会主任彭清华率广西代表团访问文莱。在与叶海亚部长举行工作会谈和出席文莱—广西经济走廊座谈会时，彭清华建议双方按照达成的合作共识，务实推进"一港两园三种养"[1]等重点合作项目，共同推动文莱—广西经济走廊成为中国—东盟合作创新示范项目，将经济走廊建设成为中国—文莱合作的新亮点。同时，鼓励和支持两地企业在农业、工业、清真食品加工、物流、医疗保健、生物医药和旅游等各领域开展友好合作。叶海亚表示，文方高度重视发展与广西的友好合作关系，十分看好广西在"一带一路"建设中的重要枢纽作用，对经济走廊建设的先期进展感到满意，并将共同促成经济走廊重点项目向前推进，期待经济走廊建设收获丰硕果实。

近年来，广西与文莱的合作不断务实推进，包括渔业、港口在内的一批合作项目扎实开展，双方制定的文莱—广西经济走廊规划推进有序、前景良好。文莱—广西经济走廊框架下已落地的有海世通渔业养殖项目和广西北部湾国际港务集团运营文莱摩拉港集装箱码头项目，目前进展良好。2017 年 9 月，文莱苏丹在南宁出席与中国企业 CEO 圆桌对话会时表示，文莱政府正努力将经济由过去单一的油气行业扩展到更多领域，包括清真产业、创新科技与创意产业、商务服务业、旅游业以及下游油气业，欢迎更多中国企业到文莱进行投资。并强调，广西有着较强的工业基础和丰富的投资及管理经验，文莱则提供了进入一个快速发展的全球穆斯林市场的途径，期待双方充分利用好"文莱—广西经济走廊"，使之成为中国进入东盟市场和全球穆斯林市场的一条捷径。当前，双方正紧抓"一带一路"的重大机遇，以中国—东盟博览会为平台，不断加强农业、航运等领域合作力度，加快促进重点项目合作，积极推动文莱—广西经济走廊建设上升为两国项目，共同推进双方经贸合作向更加密切、更

---

① "一港双园三种养"，即推动北部湾国际港务集团参与文莱摩拉港运营，建设南宁文莱农业产业园和玉林文莱中医药健康产业园，并在文莱进行渔业、生蚝养殖和水稻种植。

深层次发展。如今，“一带一路”倡议给文莱带来的除了资金、技术和就业，还有信心、友情和希望。以和平合作、开放包容、互学互鉴、互利共赢为核心的丝路精神，正穿越历史和现实，深深融入中文两国与两国人民的情谊之中。

十分荣幸的是，作为中国驻文莱使馆首批人员，我在文莱工作和生活近五个年头，旖旎质朴的文莱风光，纤尘不染的城市街道，设计精美的民房，谦和有礼的人民，无不使人折服。文莱政治稳定，社会祥和，民风朴实，而且是世界上为数不多的伊斯兰教君主制国家之一，苏丹身兼数职，不仅是宗教领袖、国家元首，同时还是首相兼国防大臣、财政大臣、外交和贸易大臣、皇家武装部队最高统帅，但他并非遥不可及。每年开斋节期间，王宫开放四天，第一天招待各国使节、各部高官和各界显贵，后三天招待普通臣民。苏丹率部分男性王室成员与男性臣民一一握手，王后、王妃及王室女性成员在另外的会客厅接见到访的女性臣民。驻文莱使团参赞以下的官员和职员、外国游客、外籍劳工都可在这三天中畅通无阻地进入王宫。王宫随时备有丰盛的饭菜、糕点和水果，招待所有来客饱餐一顿，还赠送每人一个印有王室特别标记、装满各种马来糕点的食品盒。作为一个文莱臣民，见国君、逛王宫、吃美食、拿礼物，何等愉悦！每年大约有10万以上人次进入王宫，也就是说，四分之一的文莱人都进了王宫。令人感叹的是，每年开斋节这么多人出入王宫，却秩序井然，畅通无阻，从未发生过任何安全事故。笔者夫妇每年开斋节都要进王宫，分别与苏丹、王后、王妃及其他王室成员一一握手，随意交谈。我们发现，王室所有人员都很随和、友好，对每位来宾都彬彬有礼，有时还诙谐地开个玩笑。

苏丹贵为一国之君，却又与民同乐，这既是开明，也是感化。也许，这正是君主制国家社会秩序的稳固剂。令人难忘的是，笔者在文莱工作期间亲眼看到在苏丹陛下的领导下，文莱政府和人民在建设家园，发展多元化经济，提高人民生活等方面取得了令人瞩目的成就，同时也深深感到两国领导人为推动中文两国友好关系的不断发展所作出的巨大努力。可以说，目前中文两国关系的政治基础更加巩固，互利合作开始进入全面发展的新时期，中文两国关系堪称大小国家睦邻友好的典范。

丝绸之路和琥珀之路交响曲

刘彦顺，1933 年 12 月生。1953 年从牡丹江中学考入北京大学哲学系。1954 年留学波兰外交学院。

1958 年进入外交部，先后在驻革但斯克总领事馆、驻波兰大使馆、外交部苏欧司欧亚司任职。1984 年任参赞。1992 年任驻波兰共和国大使。

退休后，曾任中波友好协会副会长，中国外交史学会理事，《中国外交辞典》和《世界外交大辞典》常务编委（欧亚部分主编）。

著有《山河湖海话波兰》《波兰十月风暴》《白鹰美人鱼之国》《波兰历史的弄潮儿雅鲁泽尔斯基》等书。

上世纪 50 年代我奉派赴波兰留学，自此之后，同波兰结下了不解之缘。如今虽然退休，但对波兰的发展变化，对中波两国间的友好合作，仍在我持续不断的关注之中。同过去一样，常常为其有所进展而著文记述，或因其裹足不前而心有杞忧。

传统友谊中永不褪色的华章

中波两国地处欧亚大陆的两侧，相隔万里，但两国人民的友谊源远流长，历久弥新。这不是一句空话，而是我长期在波兰学习和工作深有感受的。

在中国和波兰友好交往史中，有许多脍炙人口的故事。有朋友问我，什么是现代中波关系史中最闪光的亮点，最有意义的事件？我常常以自己的切身感受回答说，是1956年波兰发生十月事件时，中国伸张正义，支持波兰。

1956年10月，波兰统一工人党中央政治局决定召开八中全会，改选中央第一书记，改组政治局和中央书记处。内定由1948年戴着“右倾民族主义”帽子、被迫下台坐牢的原工人党总书记哥穆尔卡，重新为波党的掌门人。这本来是波兰的内政，却遭到苏联的粗暴干涉。苏联准备动用武力，迫使波兰就范。苏联和波兰之间爆发了一场前所未有的危机，险些兵戎相见。这场异常尖锐的干涉和反干涉的斗争，史称波兰十月事件。

毛泽东准确判断十月事件的性质，是苏联大国沙文主义作祟。决定中国要批批苏联，支持波兰。毛泽东亲自召见苏联驻华大使，对苏联大国沙文主义说“不”；刘少奇和邓小平率团赴苏进行中苏两党会谈，劝导苏联承认错误；周恩来1957年1月风尘仆仆访问波兰，声援波党新领导夺取议会大选的胜利。中国以其鲜明的语言和实际行动，支持了波兰关于独立、主权和平等的追求。

十月事件期间，我正在波兰华沙外交学院学习，我真切地感受到波兰人对中国的同情和支持表现出的感激之情。有一天，大概是10月23日或24日早晨，我刚走进教室，有一位名叫尤莱克的波兰同学，欣喜若狂地呼着我的名字，急忙忙绕过两排书桌走了过来。

他紧紧地握着我的手，大声地说，“毛泽东支持我们！中国支持我们！中国和我们在一起，感谢中国！”看到尤莱克激动的样子，我感到他好像是在代表波兰，表达波兰人内心深处的感情。后来我才知道，是毛泽东对赫鲁晓夫说“不”的声音，那一天传到了波兰，打动了波兰人的心。

刘彦顺和李惠娣同波兰总统科瓦希涅夫斯基夫妇合影

1992年4月我赴波兰履新。向波兰总统递交国书后，在上任拜会的过程中，我发现了一个感人的现象。在波兰社会制度已经发生根本变化的情况下，我接触的政界要人——其中有参众两院议长，有总统府和政府各部部长，有华沙省市地方长官，尽管他们属于不同的党派，尽管他们对波兰的内政外交有着这样或那样的不同看法，但一谈到中波友好关系时，却有一个共同点。他们都主地提起1956年十月事件时中国对波兰的支持。他们对这段历史念念不忘，赞不绝口。从他们的谈话中，我再次真切地感到，当年毛主席和周总理采取的对波方针政策，仍然具有深远的影响力，仍然是连接中波两国人民友谊的强大纽带。也使我再次想起毛泽东说过的一句话：“华沙事件在波兰人民心中留下的痕迹，在100年内也是不会消失的”。

波兰总理帕夫拉克访华后，出席使馆国庆招待会，同刘彦顺大使夫妇交谈

我见证了波兰十月事件，我知道波兰人民高度评价中国在十月事件期间发挥的重要作用。但退休之后，我注意到，有中国学者根据毛泽东说“不”是在赫鲁晓夫离开华沙之后这一事实，而在十月事件50周年华沙举办的国际研讨会上，断言中国的作用“是象征性的，不大”。我认为，这位学者的看法失之浮浅，是不正确的。波兰的中国问题专家也著文表示不同意这位中国学者的意见。

实际上赫鲁晓夫自己承认，他去华沙是准备动用武力干涉，回到莫斯科召开苏共主席团会议，还在考虑是否动武。只是他观察波党八中全会的进程，同时知道了中国的意见之后，才在10月21日苏共中央主席团第二次会议上，决定放弃武力干涉波兰的方针。可见中国的声音在10月21日苏共中央主席团会议这个时间节点上，开始起了作用。这个作用，不是“象征性的，不大”，而是促使苏共改变对波方针的外因之一。

这之后的事件发展是，赫鲁晓夫发电报邀请中共代表团就波兰局势进行“恳切商谈”；刘少奇和邓小平率团赴苏，会谈的结果是，苏联发表政府《宣言》，承认在社会主义国家关系中犯有错误；中国政府随即发表《声明》，表示对苏联的支持，强调在社会主义国家关系中，更要遵循和平共处五项原则。《宣言》和《声明》的发表，为其后的波苏两党会谈，解决存在已久的争端指明了方向。1956 年 11 月 19 日，波苏两党会谈顺利结束，持续一个月之久的波兰十月事件落下帷幕。但在苏联的眼中，波兰仍被视为“另类”。1957 年 1 月，周恩来应邀访问波兰，用实际行动再次支持波兰的新领导。

波兰副总理戈雷舍夫斯基（左）访华前夕会见刘彦顺大使

事实雄辩的证明，在波兰十月事件的整个过程中，中国的声音——从毛泽东说“不”进入苏共主席团会议这个节点开始，经过中苏两党会谈，起到了影响历史进程的推动作用。这种作用表现为，中国坚持原则，伸张正义，推动和解，成为促使苏联改变对波方针，彻底放弃武力干涉，并进而承认犯有大国沙文主义错误，同意和平解决波苏争端的外因。波苏之间一场可能发生的流血冲突终于得以幸免。

刘彦顺大使在《民族画报》绘制的新亚欧大陆桥画卷上题字

事实雄辩地证明，在中波两国人民传统友谊的现代卷中，正是毛泽东和周恩来亲自书写了光辉灿烂的永不褪色的华章。富有历史记忆的波兰人，没有也不会忘记这段历史佳话。我们中国人更应该对这段历史的来龙去脉有一个正确的认知。切不可对其重要作用和深远影响，因为知之不详和不确，而夸大或轻率否定和贬低。

中国和波兰不断升级的伙伴关系

中波之间的传统友谊经受了国际风云变化的考验。1989 年，当波兰社会制度发生剧变的时候，中国当即宣布坚持尊重波兰人民自己的选择，坚持超越社会制度、意识形态、发展道路的差异，在和平共处五项原则基础上保持和发展两国关系。我在波兰任职期间，深切地感受到中国的政策主张赢得了波兰各界的理解和赞同，两国关系迅速走上了正常的发展道路。

刘彦顺和夫人李惠娣拜访马佐夫舍歌舞团团长米拉女士

特别是近20多年来，中波两国间的友好合作更是“芝麻开花节节高”，不断地由一个台阶跨上一个新的台阶。

双方的高层交往日益密切，政治互信不断加强。1997年11月，波兰总统克瓦希涅夫斯基访华。这是东欧剧变后波兰总统首次来华访问，表明波兰对中波关系的重视，开启了两国元首日后互访的大门。访问期间，双方签署的中波《联合公报》，为21世纪中波关系的发展夯实了牢固的基础。

2004年6月，胡锦涛主席回访波兰。这是中波建交以来中国国家主席对波兰的首次访问，标志着中波关系发展达到了一个新的高度。访问期间，双方一致同意把两国关系方定位为友好合作伙伴关系。

2011 年 12 月，波兰总统科莫罗夫斯基访华。双方决定把两国关系提升为战略伙伴关系，为加强两国多领域的友好合作进一步指明了前进的方向。

刘彦顺和夫人李惠娣在克拉科夫古城市场留影

2015 年 11 月，波兰新任总统杜达访华，并出席“16 + 1”合作中国中东欧领导人苏州合晤。习近平主席同杜达总统举行了富有成果的会谈。习近平指出，“双方要夯实务实合作的基础，加快‘一带一路’倡议同波兰国家发展战略的对接”，“双方可进一步探讨以波兰为枢纽，规划打造新的物流线，建设幅射中东欧的物流中心”。杜达表示，“波兰地处欧洲交通物流枢纽，愿意在‘一带一路’建设合作中发挥重要作用并积极参与亚投行工作”。习近平和杜达一致同意，将“努力提高中波战略伙伴关系发展水平，为中欧关系以及中国和中东欧国家的‘16+1’合作增添新动力”。

2016年6月，习近平主席访波。这是时隔12年后中国国家元首莅临华沙，标志着中波两国的友好、务实、互利、共赢的合作达到了一个新的高峰，也标志着中国同波兰，同中东欧国家关系发展走进了一个新的时代，正在书写加快时代节奏的华丽乐章。

波兰各界欢迎习近平的访问，《共和国报》称赞中波关系“迎来了新时代”，习近平的访问“是具有里程碑意义的事件”。习近平同波兰总统杜达会谈。杜达总统一再表示，他“对中国充满信任和信心”，“希望波兰将是中国通往欧洲的一扇大门”。习近平希望双方要“弘扬丝路精神，早日建成利益共同体，责任共同体，命运共同体，共创共享美好未来”。中波两国元首一致同意进一步提升两国关系，将两国关系定位为全面战略伙伴关系。

“道路通，百业兴”。2016年6月20日，习近平主席和波兰总统杜达出席“统一品牌中欧班列”首达欧洲（波兰）仪式。从这一天开始，此前在亚欧大陆桥分散运行货运列车，如渝新欧、汉新欧、郑新欧、蓉新欧、义新欧……等统一为“中欧班列”，使中国同欧洲之间的货物运输驶入了规范化发展的快车道。“中欧班列”是往来中国欧洲以及“一带一路”沿线国的集装箱国际铁路联运班列，它按照固定车次、线路、班期和全程运行时刻表运行，为“一带一路”的互联互通建设树立起一个标杆。

对于波兰来说，中欧班列的意义不仅仅在于对接了东西方市场，更是波兰复兴本国工业和融入全球经济的新契机。波兰第二大城市罗兹，借助蓉新欧带给它的优势，正筹划修建一个综合物流中心，把罗兹打造成为现代化的国际物流城，使罗兹成为整个欧洲的中国货物的集散地。

中国和波兰优势互补合作共赢

波兰是欧盟中最有活力的经济体之一，在中东欧国家中更是独占鳌头，具有自身的地缘优势。打开欧洲的地图，可以看到波兰地处欧洲大陆中心的东缘，南靠高山（喀尔巴阡山和苏台德），北临大海（波罗的海），地势开阔而平坦，山川秀丽而富饶，是名副其实的“平原之国”（在斯拉夫语中，波兰意为平原）。

今日波兰领土面积31万多平方公里，人口3800多万人，其疆域之大和人口之众在欧洲均名列前十，而在中东欧则位居第一。今日波兰经济发展速度之快，在中东欧地区堪称一枝独秀，在欧洲也实属罕见。

近20多年来，波兰是中东欧国家转轨最成功的“新欧洲”国家，经济稳步上升，年均增幅约为4%左右。甚至在欧洲金融危机年代，整个欧盟经济陷入负增长时，唯有波兰还保持着正增长。在2017年世界185个国家的人均GDP的统计中，波兰排位第35，远远领先中国。波兰作为“新欧洲”的佼佼者正在快速地追赶“老欧洲”，它取得的成功赢得了各方的瞩目。

波兰经济发展有着深厚的潜力和三大优势。一是资源优势，波兰拥有丰富的矿产资源，铜、铅、锌、硫磺、钾盐、岩盐和页岩气的储量均居欧洲之首，煤储量居欧洲第四。二是产业优势，波兰的采矿业、矿山机械工业、多层纤维板、刨花板和家具制造业，不仅在欧洲而且在世界名列前茅。第三是地理位置的优势，波兰素有“欧洲心脏”之称，自古以来就是贯通东西欧和连接南北欧的枢纽。

进入新世纪以来，我高兴地看到中波之间的友好合作有了迅速的发展，远远地超过了我当年的想象。上世纪末，我在波兰任职期间，曾把每年10亿美元定为中波贸易争取的目标，虽然几经努力而不可得。而现今双方在经贸领域的合作则有了长足的进展，波兰已经成为中国在中东欧地区的最大的贸易伙伴。中国则逐步成为波兰第二大贸易来源国。2008年双边贸易突破100亿美元大关，此后年年再创新高，2017年突破200亿美元，达212亿。中方的资本和企业也开始进入波兰，尽管规模有限，但开端良好。事实表明，中波之间的相互需求日益上升，共同利益不断增长，贸易领域不断拓展，商品结构不断优化，两国人民在友好合作中得到了实实在在的好处。

我记得1993年，当从连云港到鹿特丹的新亚欧大陆桥建成通车时，中国《民族画报》记者为纪念这一盛举，带着他们绘制的亚欧大陆桥长幅，赴沿线各国首都征集名人签字留念。波兰政界和商界的有识之士从亚欧大陆桥中看到了波兰发展的大好机遇，时任副总理的戈雷舍夫斯基在访华前夕一再表示，“这是新的丝绸之路，它可以使波兰成为中国进入欧洲的桥梁”。我在那长幅上也写下了自己的感受：“连云港，鹿特丹，五色彩虹连波兰。丝绸古路今胜昔，友谊新歌日日鲜”。我知道波兰渴望发挥其地理位置的优势，成为辐射中东欧的地域中心和物流中心。如今我看到了中波之间的友好交流在亚欧大陆桥的畅通中呈现出日新月异的景象。

“一带一路”框架下的“16+1”合作

2013年，习近平主席提出了共同建设“丝绸之路经济带”和共同建设21世纪“海上丝绸之路”的倡议。这一倡议把蓬勃发展的东亚经济圈同高度发达的欧洲经济圈紧密地连接在一起，既体现了中国的全方位开放，也适应了亚欧众多国家加速发展的要求。它一经提出，立即受到包括波兰在内的国际社会的普遍重视、欢迎和支持。

扎科帕内，刘彦顺和夫人李惠娣出席世界大学生冬季奥运会

波兰总统杜达说，在“一带一路”的倡议中，他“看到了波兰的战略位置。波兰可以成为这一宏伟设想的一个地域中心。不仅在中东欧，而且在整个欧洲都能担当此重任”；波兰“愿在‘一带一路’建设中发挥重要作用”。波兰是亚投行的创始国之一，杜达总统说，波兰参加亚投行就是“响应‘一带一路’倡议的第一步”。波兰同匈牙利、塞尔维亚等多个国家已率先同中国签署了共建“一带一路”政府间谅解备忘录。波兰等中东欧国家成为“一带一路”建设的重要支点。

中国倡导的共商、共建、共享的理念深入人心。互联互通成为“一带一路”建设的血脉经络和优先方向。20 多年来，新亚欧大路桥的运营取得了显著的成果。2011 年 3 月，首列中欧货运班列正式开通。2016 年夏习近平主席访波时，中国沿海和内陆有 16 个城市同欧洲 8 个国家 12 个城市累计开行中欧班列 2000 列，铺划运行线路 39 条。近两年来，截至 2018 年 6 月底，统一品牌的中欧班列已运行 9000 列，运送货物 80 万标箱。国内开行城市多至 48 个，到达欧洲的地方增为14个国家42个城市。中欧班列的运输网络已覆盖欧亚大陆的主要区域。其中多条班列途经波兰或以波兰为目的地。

波兰是欧盟更是中东欧地区的重要国家之一。在中欧合作和中国—中东欧国家“16+1”合作中，有着重要的影响和作用。波兰积极支持和参与“16+1”合作，从中国倡议伊始，就表现出其特有的积极性。

2012年4月中国中东欧国家领导人首次“16+1”会晤，就是在华沙举行的。波兰作为东道主，在承办过程中尽了最大的努力，使“16+1”合作平台的建立有了一个良好的开端。华沙会晤时，中国总理表示了中国与中东欧各国合作的良好愿望，宣布了促进中国与中东欧国家友好合作的12项举措，受到中东欧16国普遍欢迎。从此之后，中国—中东欧合作进入了全新的发展阶段，在大家共同努力下走向成熟，并获得早期的硕果。

中国与中东欧国家“16+1”合作，由一方倡议转变为多方合作的平台。先后在布加勒斯特（2013年）、贝尔格莱德（2014年）、苏州（2015年）、里加（2016年）、布达佩斯（2017年）和索菲亚（2018年），年年举行“16+1”峰会，年年制定和发表合作《纲要》，为中国—中东欧国家全方位、宽领域、多层次的合作绘制了一个清晰的路线图和时间表。可以毫不夸张地说，在“一带一路”地平线上，“16+1>17”的合作模式正在冉冉升起，成为“一带一路”建设和发展的重要支点。

“16+1”合作具有天时地利人和的优势，它在中欧合作的大框架下，开辟了中国同传统友好国家关系发展的新途径。首先，中国和中东欧国家都是新兴市场国家，都面临着转型、创新、提升竞争力和改善民生的紧迫任务，都有深化合作取长补短的共同愿望。相互合作符合中国发展的需要，也符合正处于新一轮发展机遇期的中东欧国家的需要。其次，“16+1”合作密切了中东欧国家彼此之间的联系，在中国参与下的多边合作比双边合作更易于扩展规模和提高水平，更能够适应经济和科技发展日新月异的现代要求。再次，中国—中东欧“16+1”合作是中欧全面战略伙伴关系的重要组成部分，彼此之间不仅不矛盾而且是有益的补充。中国同中东欧国家关系愈加密切，也意味着中国同欧盟整体关系的发展。中国努力加强“16+1”框架下的合作，努力推动“一带一路”倡议同欧盟发展战略的对接，在短短的数年内，取得了明显的进展，其中，中、匈、塞正在共同建设从布达佩斯到贝尔格莱德的匈塞铁路，为更广地建设中东欧互联互通的陆路网络起着示范的作用。

在古代欧洲，有一条从北向南途经波兰的商路，号称“琥珀之路”。波兰的有识之士曾经有振兴“琥珀之路”的设想，波兰智库专家、前驻上海总领事沙法什，在波兰总统杜达访华前夕向媒体表示，他“希望探讨把匈塞铁路继续延伸到华沙的可能性”。沙法什的希望，使我想起我在一次研讨会上提出的个人的类似设想和希望。我认为，一条从波罗的海到黑海和地中海，贯通南北欧洲的新的“琥珀之路”将同“丝绸之路”在中东欧交汇，波兰可以充分地展示出它的地理和经济发展的优势，为欧亚大陆互联互通、共享繁荣的建设发挥出重要的作用。我相信，当“丝绸之路”同“琥珀之路”交织在一起之日，必将是中国同波兰，同中东欧，同欧洲共商共建共享与平等互利共赢的合作大放光彩之时。

大得人心的倡议

陆树林，1939 年 2 月生于上海，祖籍江苏海门。在上海市市北中学读初中和高中，后先后在上海复旦大学、北京外国语学院（现北京外国语大学）学习英语，在印度德里大学、巴基斯坦卡拉奇大学学习乌尔都语。毕业后在我驻巴基斯坦使领馆历任科员、三秘、二秘、一秘、参赞，在外交部亚洲司历任科员、处长、参赞。1994 年至 1998 年出任驻特立尼达和多巴哥大使，1999 年至 2002 年出任驻巴基斯坦大使。

退休后从事民间外交和写作活动，参与对外友协、中国国际战略学会、中国国际问题研究和学术交流基金会、中国亚非发展交流协会、中巴友好论坛、老外交官联谊会、北京大学巴基斯坦研究中心、北京外国语大学公共外交研究中心的活动。在《人民日报》、《解放日报》、《北京晚报》、《当代世界》、外交部《外交史通讯》上发表文章和诗歌多篇。曾接受中央电视台英语频道、中央四台、人民网的采访。主编出版《我们和你们——中国和巴基斯坦的故事》。曾在国外发表过多篇以英文和乌尔都文撰写的文章和赞美友谊的文章和诗歌。

2002 年获巴基斯坦总统“巴基斯坦新月勋章”，2011 年获巴基斯坦亚洲文明协会“外交官终身成就奖”，同年获中国翻译协会“资深翻译家荣誉证书”。

2013年9月，习主席在访问哈萨克斯坦时提出建设丝绸之路经济带和同年10月访问印尼时提出建设21世纪海上丝绸之路的倡议。几年来的事实说明，这一倡议受到世界各国和人民极为热烈而广泛的欢迎，说明这是一项在世界范围内大得人心的倡议。这一点，从下面具体事实中可得到证明。

巴基斯坦选举习近平为2015年世界政治家

2015年9月，我在伊斯兰堡参加为纪念联合国成立70周年而举行的国际研讨会时，前巴驻华大使、巴基斯坦战略研究所所长马苏德·汗告我，《巴基斯坦观察家日报》在全国范围内就当今世界谁是最强有力的领导人，举行了一次长达三个月的公民投票活动，现在投票结果已经计算出来了，84.3%的参与者投了中国国家主席习近平的票，习主席高票当选。为此，报纸决定出一期关于习近平主席的特刊，全面介绍他的生平、治国理念、外交主张和家庭情况等等。特刊也应有中国朋友的文章，就约你也写篇文章吧。他给了我报纸的主编扎希德·马立克的名片，并说文章写好后就通过电子邮件发给他。

马苏德·汗是我的老朋友了。他在任驻华大使时，我们多有接触。他在从中国离任后，在任巴常驻联合国代表和任巴基斯坦战略研究所所长期间也多次来过中国。记得2014年他来北京参加北京大学举办的关于“中巴经济走廊”国际研讨会时，还把我在会上的发言要了去，并在研究所的期刊上发表。习近平主席是我十分敬重的领导人，记得他就任总书记后会见记者时发表的第一次讲话，就给我留下了深刻的印象。我听了他的讲话十分感动，当晚就写了下面这首诗：

2002 年，时任总统穆沙拉夫授予陆树林大使巴基斯坦新月勋章，以表示中巴两国的友好关系，并表彰陆大使为促进中巴关系作出的贡献

聆习总书记讲话有感

聆君平实接地言，
春风化雨润心田。
虽无雄词和壮语，
却有大山并蓝天。
与时俱进高跨步，
重担万钧挺举肩。
继往开来创新景，
亿万神州尽开颜。

对习主席我确有许多话好说，因此马苏德·汗约我写稿，我立即答应了。

回国以后我立即开始酝酿写文章。我回顾了习近平同志在任总书记和国家主席后的作为和业绩，深感他对人民怀有深厚的感情，所做的件件事都是以人民，以中国人民，也以世界人民的根本利益为出发点的，于是就以“习近平主席爱人民”为题，直接用英语写了一篇文章，发给了该报主编扎希德·马立克。

2013 年 5 月 31 日中国前驻特立尼达和多巴哥大使陆树林做客《中国访谈》

不久我即收到主编的回函，他对我的文章表示赞赏，说题目就很吸引人，适合特刊的需要。大约 1 个月我就从邮局收到他寄来的特刊。是一本印刷相当精美的图文并茂的画刊，厚达 100 页。特刊全面介绍了习主席各方面的情况，各国政要、主要媒体对习主席的评述等，里面有中国驻巴大使孙卫东的文章，有三位巴前驻华大使包括马苏德·汗大使的文章，我的文章也刊登了。主编扎希德·马立克先生在给我的信中说，特刊共印 5 万册，是他们在没有任何别人发起和资助的情况下，自己主动编撰的，是为了让更多人了解习近平主席，“我们认为他是当今世界最强有力的领导人”。

2002年1月陆树林大使在印度河古文明遗迹莫亨焦达罗前留影

巴基斯坦人民以高票选举习近平主席为2015年世界政治家决不是偶然的，这不仅因为巴基斯坦是中国的铁杆兄弟，人称“巴铁”，更主要因为习主席倡议建设“一带一路”，提出的一系列“和平发展、合作共赢”和打造人类命运共同体的崭新理念，同西方“零和游戏”的传统理念完全不同，像和熙的春风吹遍大地，在巴基斯坦大得人心，在全世界都受到广泛的欢迎和好评。习近平主席2015年4月首访巴基斯坦时，对作为“一带一路”旗舰项目的中巴经济走廊特别重视，同巴方就建设中巴经济走廊达成“1加4”（即中巴经济走廊加瓜达尔港、能源、基础设施、产业园区）的建设蓝图，并允提供共达460美元巨额投资，受到巴基斯坦人民热烈的欢迎和好评。正如巴基斯坦前驻华大使阿克拉姆·扎基先生所说的：“习近平主席勇敢地采取的一系列促进和平、安全、共同发展和繁荣的主动政策措施，不仅是为中国的，也是为亚洲乃至全世界的。他的创造和谐国际社会和和平、稳定、繁荣的世界的理念赢得了亚洲、非洲和拉丁美洲人民的人心。”

图为陆树林大使同穆沙拉夫合影

巴基斯坦国语乌尔都文里有这样一句我十分喜爱的诗：

种树，就要种大爱之树，
邻居的庭院里，也能开花结果。

在巴方举行的纪念联合国成立70周年的研讨会上我发言谈及“一带一路”时，引用了这句诗，说明习近平主席倡导“一带一路”的一个重要原因，就是这句诗所包含的精神，即中国愿同别国，首先是邻国，分享40年改革开放取得的成果，欢迎别国搭乘中国发展的列车，愿同别国，首先是邻国，开展合作，实现共赢。我话音一落，全场就爆发出热烈的掌声，表明他们对习主席的倡议及其所包含的理念高度认同。

2015年，中国驻巴使馆与巴基斯坦和平研究所在伊斯兰堡万豪酒店共同举办了《我们和你们：中国和巴基斯坦的故事》中、英文版图书发行仪式。巴基斯坦计划、改革与发展部长阿赫桑·伊克巴尔，中国驻巴大使孙卫东，以及专程从国内赴巴的该书主编和部分作者出席了仪式。

习主席的倡议大得人心，也可从2017年5月举行的“一带一路”国际合作高峰论坛的出席情况和取得的辉煌成果看出来

包括29个国家的元首或政府首脑在内的1000多人参加了这次盛会，有些国家如法国和德国，由于大选等原因，元首或首脑派了高官来，英国派财政大臣代表首相出席，连原来对“一带一路”说三道四的日本也派了执政党的二把手干事长来，本来对论坛持消极态度的美国最后也派了高官与会。这次论坛发表了联合公报，对“一带一路”倡议和中国智慧给于高度评价，凝聚了各方智慧，规范了前进的方向，论坛取得圆满成功。

2016年11月17日，“一带一路”倡议写入71届联合国大会决议；2017年3月17日联合国安理会通过2344号决议，首次载入“构建人类命运共同体”的理念，呼吁通过“一带一路”建设等加强区域经济合作。这说明，习主席倡议的国际关系新理念和“一带一路”迅速为国际社会接受，成为国际共识。

习主席的“一带一路”倡议及一系列新发展理念大受欢迎，也可从他的“一带一路”倡议提出后，在并不长的时间内，就取得超过预期的成果中看出来

“一带一路”涉及很大的地域、很多国家，要成为现实，相关地域和国家之间必须实现“互联互通”，特别是“五通”，即政策沟通、设施联通、贸易畅通、资金融通、民心相通。五年来，通过相关国家的共同努力，在这些方面已取得长足的进展。如：

时任巴基斯坦总统拉斐克·塔拉尔接受陆树林大使递交的国书后同陆大使亲切谈话（1999 年 1 月）

政策沟通方面，迄今已有 100 多个国家和国际组织参与其中，我国与有关国家和国际组织签署了 40 多份共建“一带一路”合作协议。签署了第一份双边战略对接合作规划，即中哈《“丝绸之路经济带”建设与“光明之路”新经济政策对接合作规划》。经过有关国

家商量，确定建立六大经济走廊，即中蒙俄、新亚欧大陆桥、中国—中亚—西亚、中国—中南半岛、中巴（基斯坦）、蒙中印缅经济走廊，已经启动等。第一份经济走廊合作规划纲要，即《建设中蒙俄经济走廊规划纲要》已经签署，中巴经济走廊更走在前列，有关的重大合作项目正在实施，有的甚至已经完成。

设施联通方面，从亚的斯亚贝巴到吉卜提的铁路已经通车，并开通商业运营，蒙内（蒙巴萨—内罗毕）铁路竣工后运行良好，中欧班列已经开通，截至目前累计开行近3000列，给中欧之间的货物和人员往来提供了极大的便利，中欧班列统一品牌发布启用。多条铁路项目开始实施，匈塞铁路、雅万高铁陆续开工，中老、中泰等泛亚铁路网开始启动，一批高速公路建设正在推进，中巴喀喇昆仑公路二期改造正顺利实施。瓜达尔港先期建设、中俄原油管道复线工程、中俄和中亚油气管线、希腊比雷埃夫斯港等建设取得重大进展。《关于加快推进“一带一路”空间信息走廊建设与应用的指导意见》正式发布，充分发挥空间信息技术优势，促进信息互联互通。

贸易畅通方面，2017年中国与“一带一路”相关国家双边贸易总额已经达到9955亿美元，占全国对外贸易总额的25.1%。中国与沿线国家贸易投资合作不断加深。今年1—4月，中国与沿线国家货物贸易进出口额3891亿美元，同比增长19.2%；对外非金融类直接投资46.7亿美元，同比增长17.3%；对外承包工程完成营业额242亿美元，同比增长27.7%。

区域经济一体化进程加快。与格鲁吉亚自贸协定正式生效，与毛里求斯举行首轮自贸协定谈判，与欧亚经济联盟签署经贸合作协定，中巴自贸区第二阶段谈判继续推进。一批重大项目取得积极进展。瓜达尔自由区正在积极推进，中白（罗斯）工业园一期起步区基础设施完工，中国老挝磨憨—磨丁经济合作区、中国哈萨克斯坦霍尔果斯国际边境合作中心等建设加快推进。中白工业园、中泰罗勇工业园已成为中国企业走出去的亮丽名片。截至2018年4月，中国在沿线国家建设境外经贸合作区75个，累计投资255亿美元，入区企业超过3800家，上缴东道国税费近17亿美元，为当地创造就业近22万个。

资金融通方面，1000亿美元的亚洲基础设施投资银行创始成员国超过80个，已成立挂牌并启动项目投资，400亿美元的丝路基金也已启动投资项目。“一带一路”沿线国家积极探讨建立或扩充各类双多边合作基金，金融合作正在迅速展开。2017年，我国企业对相关国家直接投资148.2亿美元，吸收来自相关国家的投资84.6亿美元，同比分别增长18.2%和23.8%。人民币跨境交易规模也在不断扩大。

在民心相通方面，我国已在沿线国家建立了134个孔子学院和130个孔子课堂，近一半在华留学生来自“一带一路”沿线国家。在沿线国家已建立了10个海外中医药中心，海上丝绸之路申遗已经启动。丝绸之路电影节、中外文化年艺术节等活动也都在蓬勃发展。

我国设立了丝绸之路中国政府奖学金，与沿线国家互办文化年、艺术节，实施“丝绸之路影视桥工程”和“丝路书香工程”，“一带一路”人文合作取得了积极成果。丝绸之路联合申遗取得成功，海上丝绸之路联合申遗业已启动，“一带一路”人文交流取得了积极成果。

历史上的丝绸之路是中国首先开拓的，曾对中西方经济文化交流发挥过重大的历史作用。“一带一路”倡议的提出，赋予古丝绸之路以新的时代精神和内涵，契合沿线国家的共同需求，为沿线国家资源流动、优势互补、共同发展，提供了国际合作的新平台。建设“一带一路”是中国倡议的，但决不是中国的一家的独唱，而是国家和地区响彻云霄的大合唱。新的“一带一路”将在新的历史条件下对推动人类进步和推动建立人类命运共同体、利益共同体发挥不可估量的作用。

尼泊尔—中国促进地区和平与繁荣的关系

尼泊尔联邦民主共和国驻华大使**利拉·马尼·鲍德尔**，尼泊尔政府秘书长（内阁秘书）(2012. 8. 7—2015. 8. 6)；尼泊尔政府总理办公室秘书（2009. 3. 30—2011. 5）；部长委员会秘书（2011. 9—2012. 8）；尼泊尔内政部秘书（2011. 5—2011. 9）；尼泊尔信息与通讯部秘书（2008. 11. 1—2009. 3. 29）；尼泊尔文化、旅游与民航部部长秘书（2007. 11—2008. 10. 31）；尼泊尔驻拉萨总领事（2003. 11—2007. 7）；尼泊尔工业商业和供应部联合秘书(2003. 5—2003. 10)、平房和小产业司司长（2000. 9—2003. 5）、尼泊尔商务部联合秘书（1998. 2—2000. 9）；1997—2003 年在尼泊尔特里布凡大学和加德满都大学附属学院，任商业研究/管理本科课程的财务管理学兼职讲师。参与一些社会活动或反腐行动，如巴格马提志愿者清理活动、预防开发项目中的逃税漏税、滥用公共财产及腐败的活动等。2012—2016 年，以“积极思考社会转型”为主题向大学在校生进行了论述，2015—2016 年任《尼泊尔》杂志的专栏作家。2016 年 11 月 16 日任尼泊尔联邦民主共和国驻华大使至今。

尼泊尔同中共十九大

中共十九大于2017年10月24日在北京召开。中国国家主席习近平作了长达65页报告，内容涵盖了中国社会的各个方面及中国的对外关系。这是中国国家主席习近平关于新时期中国特色社会主义思想的最重要会议之一，并通过了两个百年的奋斗目标。借此机会我向媒体表达一下我对中共中央此次会议关于全球政策特别是同尼泊尔的关系的相关报告和研究的看法。以下就是我对一些个人观点。

中国是世界上人口最多的国家，最大的制造国（超强的产品工厂）也是出境旅游人数最多的国家。它在直接投资方面（境外投资和境内投资）增长迅速，同时，过去10年以来一直是外汇储备最多的国家。中国是联合国安理会成员国拥有否决权。因此，其国内外政策决策必将在全球范围内产生巨大的影响。

尼泊尔是中国的近邻，有着悠久的历史渊源和1414多公里长的共同边界。目前，中国是尼泊尔最大的外国直接投资来源国、第二大游客来源国和最大的发展伙伴之一。中国在基础设施建设方面积累了大量的技术和实践经验，比世界上任何国家都要快。习近平主席提出的邻里外交主张强调合作共赢、可持续协调发展，构建命运共同体。这对尼泊尔来说是一个机会。

中国国际问题研究所的刘宗毅说：“从经济的角度来看，中国应该追求互利和共同发展。在同邻国和长期友好的发展中国家发展关系时，中国必须照顾它们的利益，而不是以牺牲它们的利益为代价。中国将秉持正义的正确态度，追求自己的利益，加强与邻国和其他发展中国家的关系”。这一发言反映了发展中世界的关切和感情。

尼泊尔的水电、农业和旅游业的资源基本上尚未充分开发，具有很大的潜力。尼泊尔的社会经济发展的体制、财政和人力资源能力也受到限制。在这种情况下，为满足人民日益增长的需求，尼中双方都可以共同探索和开发项目，不仅满足尼泊尔的发展愿望，又能为中国企业提供投资机会。

尼泊尔和中国有着密切的历史和文化联系。和谐、同情以及家庭和社会价值观的重要性是我们社会的共同特征。这些价值观几千年来一直从释迦牟尼佛和孔子那里得到培养和继承。我们的社会受到这些价值观的强烈约束，我们需要促进和交流这些价值观，以促进本区域内外的和谐与和平。促进人与人之间的接触，有助于相互了解，共同探索商机，分享利益。因此，我们需要弘扬我们丰富的文化精神，促进跨喜马拉雅地区的发展、和平与和谐。

习近平主席在党的十九大报告中指出："中国社会的主要矛盾是发展不充分、不平衡，人民的发展愿望日益高涨。"报告指出，发展成果分布不均，日益需要进一步发展。社会经济发展模式不应使不平衡的发展成果进一步升级。在采取市场主导的发展战略的同时，也存在着私人资本将利润私有化和成本社会化的风险。然而，私营资本可以为经济带来更多的效率和活力。在效率和分配公平之间取得平衡是发展动力中的一项具有挑战性的任务。

尼中发展合作对地区内外跨喜马拉雅地区的和平与稳定具有重要意义。合作共赢，确保可持续发展，进一步推动喜马拉雅地区构建和谐社会。

中尼建交 62 周年

2017 年 8 月 1 日，尼泊尔大使馆在使馆举办中尼建交 62 周年智库论坛，邀请中国学者和尼泊尔民间人士在北京开展学术活动。以下是我在会上致辞的摘要：

1955 年 8 月 1 日在尼中双边关系中具有特殊意义。这一天值得纪念，尼泊尔和中国富有远见的领导人在这一天签署了一项协议，建立两国之间的外交关系，两国关系源远流长，早在几千年前两国就奠定了正式关系和体制基础。

两国人民之间有着深厚的友谊，相互理解对方的愿望和敏感性，两国关系不断向前发展，经受住了时间的考验。

尼中两国重视彼此的独立、主权和领土完整，尊重和照顾对方的关注点和敏感问题。尼泊尔恪守一个中国政策的承诺，这是尼泊尔外交政策的组成部分。

尼泊尔坚决不让自己的土地被用来进行任何反华或分裂活动。尼泊尔还坚决支持中国为维护国家主权、国家统一和领土完整所作的努力。

两国友好的关系不仅为本地区的和平与安宁奠定了坚实的基础，而且也树立了世界各国睦邻友好的典范。和平共处五项原则仍然是两国关系的基石，指导着两国关系的健康发展。

近年来，两国在国内都经历了改革和转型，在全球化的背景下，对外都面临着巨大的机遇和挑战。令人高兴的是，尼中两国都有巨大的潜力，都有能力将自己的力量用于增长和发展，并有能力开创一个人人平等发展和繁荣的时代。

尼中两国人民被喜马拉雅山阻隔，但两国人民在商业和文化上已经建立了联系，这是两国人民共同努力的结果，也是两国人民共同努力的结果。

几个世纪以来，喜马拉雅山一直是其人民的纽带，而不是障碍。

2017 年 5 月 12 日，尼泊尔政府和中华人民共和国政府在加德满都签署了“一带一路”合作谅解备忘录。“谅解备忘录”强调促进尼中在经济、环境、技术、文化等各领域的互利合作。

这项协议对两国都具有重要的历史意义。尼方相信，“一带一路”合作将有助于喜马拉雅地区重要基础设施建设，消除人员、货物、服务跨越尼中边界的障碍。此外，交通运输和互联互通的改善也将有助于本区域所有国家实现市场一体化，并从扩大的贸易和商业中获益。“一带一路”合作谅解备忘录将成为这一新航程的起点。

在两国建交62年的历程中，两国人民都有理由为两国在各个领域的合作所取得的显著成就感到自豪，但仍有巨大的潜力有待挖掘。正如中国古代格言所说：“志向远大，功成名就”，需要在过去的成就基础上再接再厉，实现两国关系的全面深入发展。

中尼两国民间交流活动

民间交往在加强中国与南亚人民关系中的作用

2017年9月14日，在中国人民对外友好协会在四川举办的“民间社会在增进中国与南亚人民关系中的作用”南亚民间论坛上，我作了重点发言。以下是我的演辞摘录：

笔者在第八届南亚经贸合作圆桌会议上讲话

在友好的对外交往领域，政府组织和非政府组织之间的运作差距很小。政府组织必须遵守严格规定的礼仪和议定书或程序，才能在国家之间履行任何双边或多边职能，但民间社会组织可以有更大的合作灵活性。政府和非政府组织协同工作，就可以让它们在职能上具有特殊性，在其业务活动中的议定书和手续方面具有灵活性。

非政府组织参与政策宣传、进行研究、组织研讨会和讲习班、促进专业人员会议、公开对话、帮助减轻双方之间的分歧、倡导共同利益、告诫领导人可能有做某事或不做某事的风险、在困难时期利用对话并向决策者提供知情和分析性的专家意见。

非政府智库组织是第二轨道外交的主要工具。从其他方面来说，非常专业的智库论坛可以被视为政府的大脑和喉舌。总之，在友好外交领域开展工作的民间社会非政府组织在塑造外交政策及其实施方面发挥了巨大作用。

在南亚，经验丰富的政治家和退休的文职或军事高级官员和教授在退休后基本上一直在创建非政府组织或加入现有的非政府组织，并利用其专门知识帮助现任官员制定主要的外交政策和战略。

尼泊尔建立和运作非政府组织的制度相当宽松。一些有具体成立目的的非政府组织，如阿格尼学会、中国研究中心、中国友好协会、尼泊尔中国商会、尼泊尔中国执行委员会、世界事务委员会等，一直在为促进对华关系而努力。尼泊尔的这些民间社会组织是以成员资格为基础的，由选举产生的执行机构作为强有力的工作人员，大会作为最高机构，在一定的时间间隔内，主要是3至5年内选举执行委员会。虽然，大多数这类非政府组织既没有强大的政策分析、宣传、研究和研究的学术基础，也没有从事定期政策分析和研究的专职专业人员。但是，这类非政府组织一直在与各国政府进行对话和审议，以促进两国之间零星的人与人之间的接触。

2013年习近平主席宣布“一带一路”倡议后，尼泊尔一些民间社会团体一直在帮助尼泊尔传播信息，增进对中国的了解。这些组织也在帮助商业界更加密切和加强人与人之间的联系。其中一些组织参与将重要书籍从汉语翻译成尼泊尔语（最近的活动是将习近平的《习近平谈治国理政》一书翻译成尼泊尔语）和从尼泊尔语翻译成汉语。友好协会可开展以下三大类重要任务，促进尼中关系发展：

第一，非政府组织可以促进教育和文化领域的交流，以增进人民之间的相互了解和善意。文化产品的交流和推广，包括但不限于电影、书籍、音乐、艺术和体育，以及促进学者、艺术家、教师和学生互访。这是非政府组织可以作出重大贡献的主要任务领域。将重要的文学作品翻译成尼泊尔语和汉语都可以成为这种交流的重要组成部分。互访将有助于增进两个社会之间的理解与互信。尼泊尔和中国之间最近的一个例子是根据青年交流计划，向对方国家派遣青年代表团。这样做不仅有助于促进青年之间的理解和信任，而且有助于促进旅游业和文化。

如有需要，非政府组织可通过第二轨道外交在政治层面利用这种关系。非政府组织、民间社会组织可以组织研讨会、讲习班和讨论论坛，并帮助形成意见，推动关系朝着积极的方向发展。

第二，促进商业关系：与商业界有关的协会、两国商会和工程师、医生协会等专业机构可以与两国的类似组织建立关系，分享经验和知识，促进互利的经济关系。尼泊尔在发展基础设施、水电、农业、旅游和信息技术方面具有巨大的潜力。改革开放40年来，中国在各个领域都取得了巨大成就。在贸易和商业领域开展工作的非政府组织可以弥补尼泊尔的发展需求中与中国发展能力之间的差距。与专业团体有关的非政府组织，它们可以根据它们在具体问题上的专门知识提供反馈，帮助政府制定正确的政策。非政府组织大多与民众密切接触，被认为是最了解人民日常事务的组织。因此，非政府组织的反馈可以为决策者提供很好的服务，同时考虑到人们的看法或心态，以促进友好关系。

第三，由学术界、研究机构和学者组成的非政府组织可以帮助对重大战略问题和重大政策事项进行深入研究。在专业学术机构进行合理综合研究的基础上，对政策和项目选择提出建议，对于采取适当的策略具有重要意义。大学或有专业研究人员的专门机构可以对双边关系问题进行研究，也可以通过跨国全球视角分析问题，在双边关系之外进行更广泛的研究。这种研究有时可以联合进行，或者两国政府可以将这种责任分配给各自国家的组织进行合作研究。民间学术机构可以分享发展经验，进行历史和文化研究，帮助人们了解其根源，帮助建设和谐社会。

总之，有好的协会可以通过各种支持活动来促进两国关系的发展。2015年4月尼泊尔地震发生后，中国给予了压倒性的支持，这表明尼泊尔人民和中国人民之间有着牢固的友谊纽带。中国友好协会在搜寻、救援、救灾、康复等方面发挥的作用值得高度赞赏，并将长期留在尼泊尔人民的心中。国与国之间良好外交关系的基本基础是各国人民之间的友好关系。在促进这种友好交流方面，非政府组织可以发挥重要作用。

智库组织在发展中尼互联互通中的作用

The Embassy of Nepal organized a Think Tank Forum on Trans-Himalayan Multi-Dimensional Connectivity Network: Opportunities and Challenges on 4 July 2018, Beijing. Following are the edited excerpts of my speech:

尼泊尔大使馆于2018年7月4日在北京举办了“跨喜马拉雅多层面互联网络：机遇与挑战”智库论坛。以下是演讲词摘录：

“跨喜马拉雅多维互联网络”是尼泊尔最高政治领导人提出的愿景，是尼泊尔总理沙尔马·奥利于2018年6月的第3周访华期间双方达成的共识，也是尼泊尔外长普拉迪普·库马尔·贾瓦利2018年4月17日至21日访问期间首次讨论的问题。尼泊尔总理和中国总理共同见证了包括“谅解备忘录”在内的多项铁路合作协定的签署。跨境铁路是尼泊尔和中国领导人长期以来的梦想。跨境铁路的建成运营，将开启尼中互联互通的新时代。它将创造和整合市场，降低运输成本，支持价值链，并改善边境双方人民的生计。

在古代，喜马拉雅山脉是连接两个伟大文明之间的桥梁，跨越了两个文明之间的桥梁。跨文化和文明的交流、有思想的经济和商业活动以及人与人之间的交流一直持续到现在。尼中两国有着加强和提升合作的历史时刻，为两国和两国以外的国家带来更大的利益，原因如下：

1. 尼泊尔在过去二十年中经历了划时代的政治变革，开始了政治稳定和经济发展的新时代。在成功地举行了三级联邦机构的选举并在所有地方、省和联邦各级组成了以压倒性多数组成的强大政府之后，尼泊尔政府已承诺向人民提供稳定的政府和经济繁荣。因此，尼泊尔政府提出了“繁荣的尼泊尔和幸福的尼泊尔”的座右铭。尼泊尔政府渴望加强与中国的互利合作，以实现尼泊尔人民的愿望。尼泊尔认为，强大、繁荣、稳定的中国是尼泊尔的机遇。

2. 中国也经历了一些具有历史意义的事件，如：

（1）2017 年成功举办党的十九大，2018 年“两会”，采纳习近平新时代中国特色社会主义思想，确立了复兴伟大中华文明的两个一百年奋斗目标；

（2）成功举办“一带一路”国际高峰会议，在全球范围内实现利益共享和社会和谐；

（3）博鳌亚洲论坛、金砖国家领导人会晤、上海合作组织峰会圆满结束。所有这些事件对中国的持续进步，以及中国在发展和全球治理中的作用日益增强，都具有重要意义。

在尼泊尔和中国的上述背景下，两国的智库、专家和公务员必须在双方领导人提出的愿景和承诺的基础上，会晤、交流和讨论想法，制定适当的政策建议，并根据双方领导人提出的愿景，提出方案和项目建议，共同促进两国和两国的和平与发展。专家们应该拿出可预见的风险和解决方案的问题，以便领导者能够在知情的情况下作出决定。专家们应当进行广泛的讨论和审议。他们还应以一种简单的形式传播正确的信息，包括逻辑、事实和适当的分析，使普通民众能够理解其前景或打算从事的项目，从而使此类方案、项目得到双方人民的支持。

杰出人士在该项目中的存在突出了跨喜马拉雅地区连通性的重要性，并表明他们对这一主题的极大兴趣。论坛的设计是为了交流想法、专门知识和经验。这些论坛不仅有助于更好地理解和认识尼中互联互通的好处，还有助于确定挑战，以及以最有效的方式应对这些挑战的方式方法。经过审议和共同理解后制定的项目和方案将得到双方人民的支持。

尼中两国是可信赖的好朋友、好邻居和可靠伙伴。他们享受无忧无虑的关系。他们的友谊是建立在和平共处、真诚、友好五项原则的基础上的。高层次的政治信任和理解、互利合作和不断发展的人民与人民之间的关系是两国关系的特点。2018 年 6 月 19 日至 24 日，尼泊尔沙尔马·奥利总理对中国进行正式访问，增进了两国最高政治领导人之间的信任和信心，将双方关系提升到了一个新的高度。两国关系牢不可破，两国领导人决心根据时间的需要推动这种关系向前发展，这使双方人民对进一步的互利合作持乐观态度。

事实上，我们两国高层领导人最近举行的会议已经达成共识，将重点放在合作发展“跨喜马拉雅多维互联网络”上。这一共识使跨喜马拉雅地区的发展议程成为头等大事。

尼中多维合作面临新机遇

中国商贸出版社发表了一篇名为“一带一路中尼商业报告”的

文章，我有机会写了一篇前言。以下是前言摘录：

“一带一路”倡议自2013年提出以来，一直受到全世界的关注。五年来，中国始终把“一带一路”建设作为共同繁荣的框架和基础，而不是自身发展。中国希望通过“一带一路”建设，推动沿线国家发展，构建和谐包容的全球秩序。

尼泊尔是中国的近邻、可信赖的伙伴和好朋友，有着久经考验的牢固关系。两国有着良好的政治关系，悠久的历史文化联系，多年来不断发展的经贸合作。两国都为进一步加强两国关系奠定了坚实的基础。中国在经济和技术领域取得的前所未有的成就，“一带一路”倡议的提出为尼泊尔提供了广泛的机遇。

由于财政和技术差距，尼泊尔丰富的资源仍处于休眠阶段。具有巨大潜力的水力发电是一个突出例子。尼泊尔的大部分河流起源于喜马拉雅山脉，且距离短垂直落差大。由于河流的这一特点，尼泊尔拥有生产清洁水能的巨大潜力。从理论上讲，尼泊尔可以生产83，000兆瓦以上的电力，其中约1000兆瓦（仅为理论容量的1%

以上）到目前为止已经得到利用。同中国的另外一个差距，存在于基础设施建设方面，如铁路、高速公路、机场、污水处理系统、城市废物管理、会议场所、灌溉和供水、农业等。

尼泊尔、中国和南亚互联互通促进区域繁荣与和平

尼泊尔拥有世界上最多样的地貌，从高山到热带的各种气候，世界上几乎所有的植物和蔬菜都可以在尼泊尔的自然环境中种植。但具有讽刺意味的是，尼泊尔依然粮食短缺，每年进口价值数十亿美元的粮食，大片土地由于缺乏灌溉设施、技术而休耕。

由于独特的景观，尼泊尔拥有无与伦比的各种冒险旅游产品，从登山、滑翔伞、山地自行车、高空马拉松、跳伞、白水漂流、独木舟到徒步旅行等。尼泊尔拥有丰富多样的古代文化，是佛教与印度教和平、和谐共存的独特而罕见的交融之地。

尼泊尔认为，中国丰富的财政和技术资源有助于推动尼泊尔人民的全面发展愿望，特别是在跨境互联互通、能源、工业生产、农业和旅游业等领域。

2018年6月19日至24日，在尼泊尔首相夏尔马·奥利阁下访华期间，两国领导人就发展跨喜马拉雅多维互联互通网络，加强"一带一路"框架下的互利合作达成了重要共识。双方签署了多项协议，以加强在互联互通方面的合作，进一步促进经贸关系的发展。这些协议包括避免双重征税的谅解备忘录、共同开发能源、发展跨境输电线路、提高生产能力和促进投资、发展跨境经济区、发展工业园区、发展铁路互联互通等。

近几年来，尼泊尔经历了历史性的政治转型，并在今后五年内组建了新的政府，赋予人民新的使命。尼泊尔政府正在以"繁荣尼泊尔、幸福尼泊尔"的座右铭推动全面、快速发展，以实现人民长期应有的更加繁荣的愿望。2018年7月20日，夏尔马·奥利阁下在北京向商界发表讲话，保证中国企业在尼泊尔的合法权益得到保护，呼吁中国投资者挖掘在尼投资的巨大潜力。

尼泊尔的目标是到2030年成为中等收入国家。为了实现这一目标，尼泊尔人民除了努力工作外，还需要中国的大力支持。尼泊尔真诚希望，"一带一路"中尼商业报告将有助于增强中国投资者在尼泊尔投资决策的信心。

几千年来，喜马拉雅山一直是中国和南亚文明交流的重要门户。今天，尼泊尔可以成为中国和印度这两个世界上人口最多的国家与最具活力的经济体之间的桥梁，促进合作共赢。以下各统计图表的数据表明，中国和南亚虽然在地理上有联系，但在经济上是世界上一体化程度最低的区域经济体。跨喜马拉雅多维互联互通网络是尼泊尔和中国领导人近年来的共同愿景，可以通过整合巨大的市场和极具活力的庞大人力资源，帮助整个地区实现社会经济转型。

以下是近几年来中国与南亚旅游、外商投资和贸易统计数字。

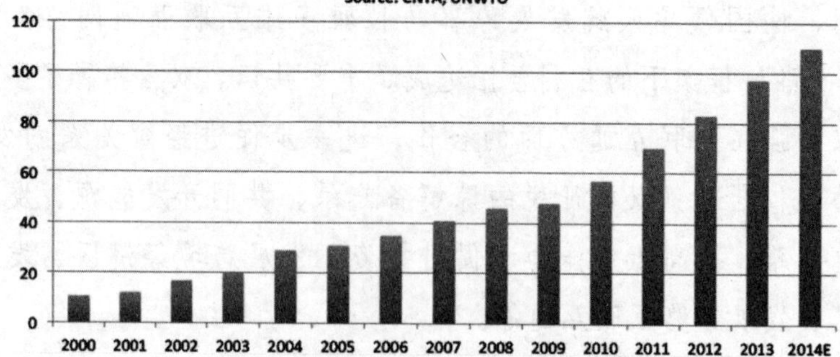

Top Destinations for Chinese Tourists:
South Asia is nowhere near the top

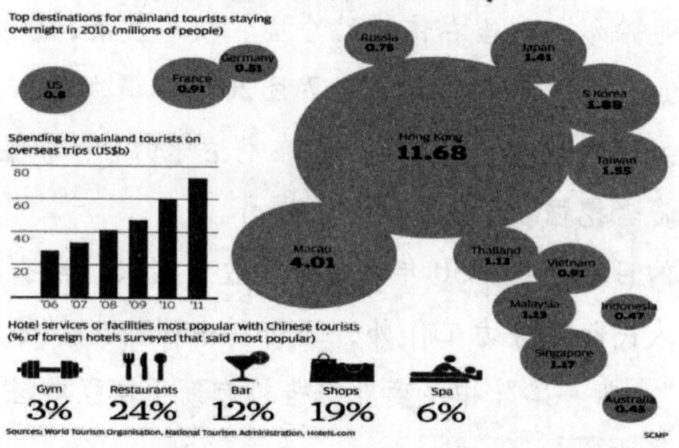

中国游客南亚旅游目的地分布图

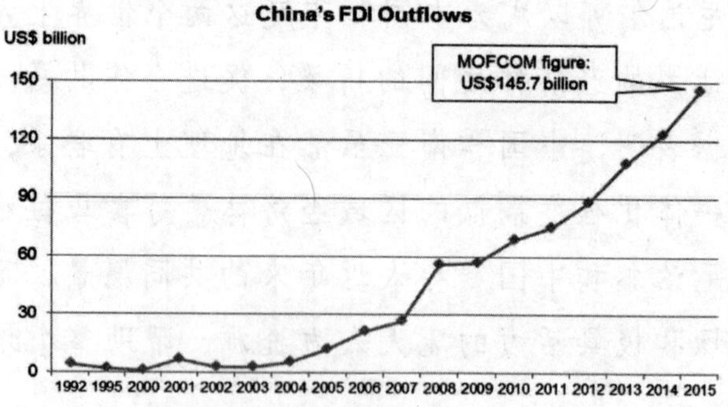

中国对外直接投资增长图

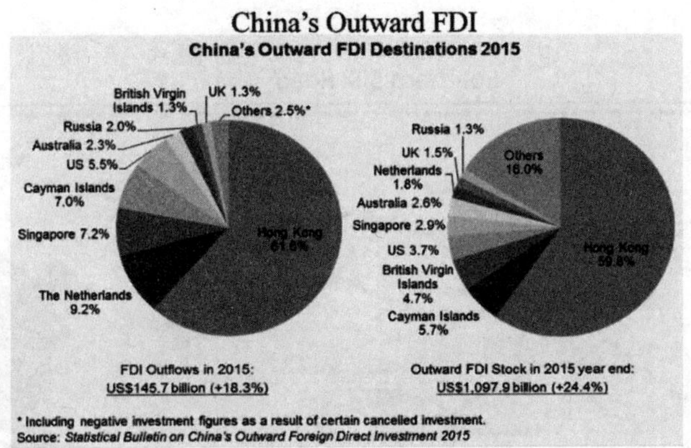

中国对外直接投资目的地分布图

BELT AND ROAD INITIATIVE

Distance by land route and sea route (km)

To From	Via Sea and Land Route (through Hong Kong)			Via Land Route (through Nepal)		
	Kunming	Chongqing	Chengdu	Kunming	Chongqing	Chengdu
New Delhi	10,345	10,669	10,437	2,887	3,151	2,911
Chennai	6,841	6,745	7,004	3,540	3,804	3,564

Source: S. Rajaratnam School of School of International studies, Nanyang Technological University Singapore

(Sea distances are actual, land distances are based on straight line method)

"一带一路"中国各城市出发到新德里和钦奈的距离

文中还列出了中国西南部主要城市与印度北部、南部和西部主要城市之间通过跨喜马拉雅连接的陆—海—陆线路和仅陆路线路的现有距离的比较图。一张显示南方丝绸之路的地图描绘了古老的贸易路线，这些路线帮助了地球上大多数古老文明的交流，并提醒了我们辉煌的过去。这些信息图表有助于了解中国—南亚经济一体化与其他地区比较数字的现状。

Southern Silk Road

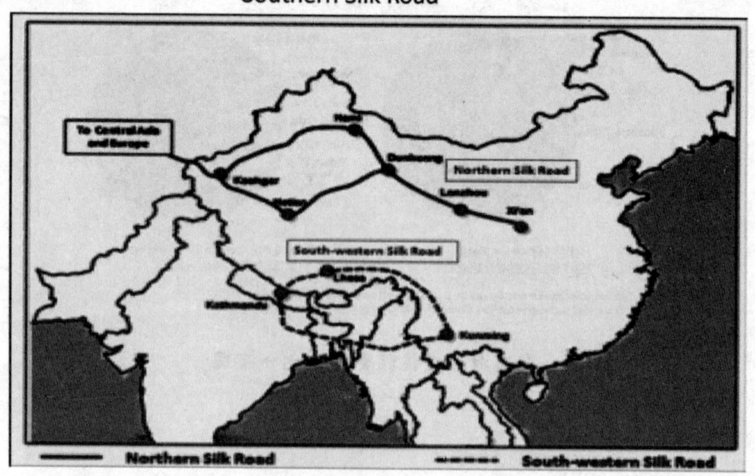

南线丝绸之路线路图

Trade (US$)

	Exports from China to South Asia	Exports from South Asia to China	Surplus (China)
2005	15.96	10.74	5.22
2016	95.84	14.84	81

中国与南亚的进出口额对比表

通过上述的统计数字和图表显示，与东南亚相比，南亚接待的中国游客最少，来自中国的直接投资最少。虽然具有地理位置和人口的优势，但是贸易额并不是很大。因此，加强中国与南亚的经济合作具有巨大的潜力。2017 年仅泰国就接待了 980 万来自中国的游客，而印度、尼泊尔和斯里兰卡同期接待的游客还不到 100 万。数据显示，中国和南亚国家每周有 219 个航班相连，泰国和中国每周有 1678 个航班。同样，仅新加坡在 2016 年获得的投资就远远超过整个南亚。

在过去 2000 年的历史中，基龙至拉苏瓦加迪和 Nyalum 至 KODAI 仍然是中国和南亚之间不间断的中间贸易通道。然而，目前沿途的基础设施几乎不能被认为适合于国际贸易港口。同样，一项研究表明，如果将中国西南部的城市与印度西部、南部和北部城市之间的距离大大缩短（高达 70%），就有可能将现有的陆—海—陆线路改为通过跨喜马拉雅连接的可能的陆路线路。这项研究值得注意和进一步探讨。如此巨大的距离缩短带来的好处可能会改变跨喜马拉雅地区的经济和发展格局。世界上人口最多的两个地区之间的这种距离削减的经济潜力将是极大的。

尼泊尔和中国高层领导人最近就跨喜马拉雅多维互联网络的发展达成的政治共识，可以被认为是朝着正确方向采取的最及时行动，如此一来可以将西南中国和南亚的面貌大大提升。尼泊尔和中国首先需要共同努力，把两国的经济联系起来，为跨喜马拉雅地区带来好处，并逐步加强南亚市场与中国市场的经济一体化。

以下是南亚和中国，特别是尼泊尔和中国之间加强政治、经济和文化促进的摘要和建议：

1. 2017 年 10 月中国共产党第十九次全国代表大会和 2018 年 3 月第十三次全国人民代表大会通过习近平主席新时代中国特色社会主义思想，确立了把中国建设成为富强民主文明先进的社会主义现代化强国的两个一百年奋斗目标，标志着中国正在走向转型变革。和谐与美丽的世纪中叶，习近平主席的外交思想也包含了中国外交政策的方针，包括大国外交和邻里外交。改革开放40年来，中国作为全球生产中心，对外直接投资呈指数级增长，出境旅游人数居世界第一，对外贸易呈指数级增长，在全球经济中处于中心地位。中国已成为占全球GDP增长1/3的经济强国。

2. 不可否认的事实是，“一带一路”倡议在全球引起的热烈反响、亚洲基础设施银行和金砖国家银行的成立，金砖国家领导人会晤的成功举行以及最近以印度和巴基斯坦为成员的上海合作组织峰会的结束，将对全球经济、外交政策和全球治理产生长期影响。上合组织已成为世界上地理、人口、经济规模最大的地区集团。中方提出“一带一路”倡议，旨在加强“一带一路”沿线地区互联互通，推动沿线地区共同发展。

3. 尼泊尔在政治领域经历了历史性变革，在2017年完成三级选举并在议会三分之二多数支持下组建联邦政府后，正在走向政治稳

定。尼泊尔的经济需要加快发展，以实现其繁荣目标。尼泊尔认为中国的发展是一个机遇。尼泊尔首相最近访华，进一步增进了最高政治层次的互信和信心，为喜马拉雅地区的共同繁荣、和平与稳定作出了共同努力。多维互联互通网络是利用巨大潜力发展经济、促进文化和文明联系以及增进两国人民对整个地区和平、和谐与理解。两国签署了多项协议和谅解备忘录，共同努力实现“繁荣尼泊尔、幸福尼泊尔”的座右铭。这是两国提升和发展合作共赢关系的历史性机遇。

4. 过去两千年来，尼泊尔仍然是连接中亚和东亚文明与南亚文明的全面通道。历史表明，Kyerong 和 Nyalamu 是在整个历史上唯一不间断的贸易和文化交流的跨喜马拉雅路线。穿越喜马拉雅地区极大地缩短了旅行距离，但需要大量投资和技术更新，以便在喜马拉雅高原建设世界级的连接基础设施。南盟 8 个国家中有 5 个国家拥有共同边界，但就通过全球价值链中的经济体获取中国对外直接投资、出境旅游和工业生产的份额而言，该区域远远落后于其他区域。整个南亚从中国获得的外国直接投资比起新加坡少得多。中国和南亚在公路、铁路和航空以及政策协调方面的连通性有限。中国和南亚之间没有单一的国际标准公路。因此，中国和南亚的主要优先领域是加强铁路、公路、电信、电力、航空、人文交流和文化等多维互联互通，以及政策协调和金融一体化，以获得最大程度的实体互联互通优势。

5. 互联互通将促进中国与南亚之间的旅游、投资和其他经济活动。

6. 边境国家之间人员、货物和服务的无缝流动将促进并提高投资和贸易的效率，同时提高中国和南亚经济体的全球竞争力。可能需要特别考虑为尼泊尔等发展阶段相对落后的国家提供公平的竞争环境，以便能够建立和谐的社会和命运共同体。

7. 在六十年的发展筹资期间，尼泊尔比以往更加依赖外部资源。尼泊尔需要资金，但同时也需要加强能力。尼泊尔需要在不对其内部事务进行不当干预的情况下进行投资。尼泊尔产品需要优惠的市场准入，在尼泊尔各地不断扩大的消费市场上，只要有简单的条款和程序，尼泊尔就能与友好的邻国平等竞争。尼泊尔需要技术转让，以便在运营和维护期间能够高效和有效地处理这些项目。在此背景下，中国“一带一路”倡议提出的主张国家主权独立、平等伙伴共同努力、共享利益的政策和程序，实为恰当之举。

8. 中国企业在最困难的地理环境上，包括在喜马拉雅高原地区，在建设基础设施方面有很好的经验。他们在发展运输网络方面获得了前所未有的专门知识，更具体地说，在发展铁路方面取得了相当迅速的经验。尽管中国人是旅游业发展的后来者，但他们在发展国内旅游业和刺激全球旅游业方面却超过了以往任何一项纪录，因为中国出境游客的不断增加促进了全球旅游业的发展。中国在扶贫方面取得的成就令人震惊，短短50年内就使8亿人摆脱了贫困。中国企业拥有为大型项目融资的巨大能力。首先，尼泊尔认为，中国愿意分享“一带一路”倡议中提出的共同利益，并为此提供资金。尼泊尔新当选的政府提出了“繁荣的尼泊尔和幸福的尼泊尔”的座右铭。尼泊尔需要朋友们的资金、专门知识、技术和善意，以实现长期的繁荣目标。通过发展跨境多维互联互通网络，尼泊尔可以把中国和南亚这两个最古老的文明连接起来，为本地区的共同繁荣做出贡献，为跨喜马拉雅地区带来和平、和谐与繁荣。

"一带一路"扬帆远航 中国拉美跨洋圆梦

汤铭新，1938 年出生于上海市，1960 年毕业于外交学院西班牙语系国际关系外交专业，1960—1973 年入外交部，分配在中国人民外交学会工作，任西方科科员，1973—1980 年在中国人民对外友好协会工作，任拉美处处长，1980—1983 年在中国驻哥伦比亚大使馆工作，任二秘，临时代办，1983—1987 年在中国人民对外友好协会工作，任美大部副主任，中国拉丁美洲友好协会秘书长，1987—1991 年在中国驻厄瓜多尔大使馆工作，任政务参赞，1991—1993 年任外交部拉美司副司长，1993—1996 年任中国驻玻利维亚大使，1996—1999 年任中国驻乌拉圭大使，2000—2002 年在北京奥申委工作，任国际宣传部网站西班牙文版主编，2002—2012 年在中国前外交官联谊会工作，其间曾任常务副会长兼秘书长，2012—2015 年任中国拉丁美洲友好协会理事，2015 年迄今任中国前外交官联谊会名誉副会长和中国国际问题研究基金会研究员。

2017 年 5 月，"一带一路"国际合作高峰论坛在北京胜利落下帷幕。29 国元首和政府首脑，92 国高级官员，联合国秘书长，红十字国际委员会主席等 3 位重要的国际组织负责人和来自 130 多个国家的约1500名各界贵宾作为正式代表出席论坛。这是一次围绕“一带一路”建设举行的高规格全球性盛会。中国将“一带一路”建成和平之路、繁荣之路、开放之路、创新之路、文明之路的愿景，作为未来推进“一带一路”的方向，得到了与会各国领导人和代表团，以及国际社会的广泛认同并达成了丰硕的合作成果，论坛取得了圆满成功，在世界发展史上具有里程碑的意义。

四年多来，“一带一路”发展成果辉煌。全球100多个国家和国际组织共同参与，40多个国家和国际组织同中国签署合作协议。联合国大会、安理会、联合国亚太经社会、亚欧会议、大湄公河次区域合作等有关决议或文件都纳入或体现了“一带一路”建设内容。可以说，“一带一路”倡议来自中国，成果正在惠及世界。

正如习近平主席在高峰论坛上的讲话所指出的：“‘一带一路’建设向所有朋友开放，不论来自亚洲、欧洲，还是非洲、美洲，都是‘一带一路’建设国际合作的伙伴。”

习主席的讲话引起了拉美各国政要及社会各界的热议和积极响应。阿根廷总统马克里和智利总统巴切莱特及多位拉美国家政要出席了“一带一路”国际高峰论坛后对峰会的成功举办给予高度评价。马克里总统表示，中国提出的“一带一路”倡议将对阿根廷和拉美地区发展起到促进作用，欢迎更多的中国投资和技术合作，帮助阿根廷提高基础设施水平，更好的发挥阿根廷的自然优势。巴切莱特总统表示，作为亚洲和拉丁美洲之间的桥梁国家，智方赞赏中国在“一带一路”国际合作中的重要作用，愿同中方加强协调配合，发挥好两国政府间对话机制的功效，加强政治，经济，投资等领域的合作，进一步促进中拉合作，建立现代化互联互通的途径。拉美各界普遍认为，“一带一路”建设和拉美国家的发展战略对接，将使这条海上丝绸之路的延伸线焕发更加夺目的光彩。

回眸璀璨星空 映射繁茂丝路

习近平就任国家主席后出访拉美国家期间，在讲话中提到，早在400多年前，中国和拉丁美洲及加勒比地区虽然远隔重洋，但浩瀚的太平洋没能阻止双方人民的友好交往。他例举中国首批茶农，跨越千山万水来到巴西种茶授艺。又有大批华人到秘鲁开发经商，以至秘鲁人亲昵地称呼中国人为"PAISANO"，即似同一家人的"老乡"等等。所以，习主席引用中国的古诗生动地描绘："海内存知己，天涯若比邻"。

据历史记载，从1565年—1815年间曾有108艘中国大帆船，从福建漳州或厦门起航，满载着丝绸、茶叶、珠宝、陶瓷器、麝香等中国货物到达菲律宾马尼拉，转运到墨西哥的阿卡普尔科港，再转运至美洲各地，形成了在中拉贸易史上占据重要地位的太平洋丝绸之路。同时，原产于美洲大陆的玉米、西红柿、马铃薯等作物，以及商品交换的大量墨西哥银元再返回运到中国，形成了中拉互通的"银丝对流"。

在墨西哥的阿卡普尔科港，有一座中国帆船到港纪念碑"中国丝绸之船"，那是纪念在中国——菲律宾——墨西哥之间横渡太平洋的"海上丝绸之路"的象征。还有一座是纪念明朝万历年间，同宫廷使臣的父母前往南洋，尔后来到墨西哥传授中国丝绸工艺编制妇女服饰的美兰公主的塑像"普韦布拉中国姑娘"。这是16世纪末开始到1815年结束，持续了两个半世纪鼎盛时期的"海上丝绸之路"的标志。

从19世纪中叶起，几十万契约华工及自由移民、华商、华工等，先后从中国移入拉美，他们历尽种种磨难，艰苦创业，为拉美的经济繁荣、社会进步和民族独立做出了贡献。其中一个突出的例子是在古巴首都哈瓦那海滨大道旁的街心花园，有一座为表彰和铭记在古巴的中国人为古巴的独立而建立的丰功伟绩的纪念碑。碑高8米，建于1931年10月，上面有古巴独立战争领导人贡萨洛·德格萨达将军的题词：在古巴的中国人没有一个是逃兵，在古巴的中国人没有一个是叛徒。

为纪念中国人为古巴的独立而建立的丰功伟绩纪念碑

另一个例子是中国劳工为修筑巴拿马地峡铁路和巴拿马运河所作出的贡献被当地所认可和赞誉。1992 年 8 月 27 日，巴拿马市政府颁布决议，建造一座华工修筑巴拿马铁路和运河的纪念碑。2004 年，巴拿马国会又通过一项特别提案，将每年的 3 月 30 日定为“华人日”，以纪念华人抵达巴拿马的日子和弘扬华人为发展巴拿马的贡献。同时，在巴拿马运河的入口处的美洲大桥北岸高坡观景台，建造“中巴公园”和纪念碑。

“中巴公园”和华人援建巴拿马纪念碑

由于中国茶农辛勤耕作和细心加工，中国各色品种的茶饮很快融入到巴西人的日常生活和社交场合，并且成为大众喜爱的饮品。从此，巴西人把“茶”这个中国词，演变成了他们语言中的“CHA”而家喻户晓。并且为了纪念这一舌尖上的文化交流成果，里约热内卢市政府在一处公园的山坡上，建造了“中国茶亭”以资纪念。

历史的车轮滚滚向前，在全球化的浪潮下，古代丝绸之路的光辉篇章启示了我们：“相知无远近，万里尚为邻”。对此，我作为在我国对拉美和加勒比地区开展民间外交和官方外交岗位上工作了将近40年的一名外交官，对这条“海上丝绸之路”种种轨迹和历史文化有非同寻常的见闻和目睹的经历。今天回忆起来，真是波涛汹涌、横空彩虹展现在心头啊！

对接“一带一路”加速互联互通

人类历史始终在不同文明的相遇相知中向前发展，从张骞的“凿空之旅”到郑和的七下西洋，古代丝路薪火相传，光照人类文明发展漫漫征途。现在，千年之约再度扬帆启程。“一带一路”是中国首创，但不是中国一家的“独奏曲”，而是各国共同参与的“交响乐”，是各国共同受益的重要国际合作公共产品。

习近平主席在会见拉美国家领导人时指出，拉美是当今世界最具发展潜力的新兴地区之一，是国际格局中一支不断上升的重要力量。中方愿同拉美加强合作，包括在“一带一路”建设框架内实现中拉发展战略对接，促进共同发展，打造中拉命运共同体。习主席还用生动的语言表示，中国梦和拉美梦息息相通，中拉双方要勇于追梦，共同圆梦，推动建立平等互利、共同发展的中拉全面合作伙伴关系。

“志合者，不以山海为远”。中国和拉美虽然相隔万里，但是，1965年5月，周恩来总理在会见秘鲁众议员比利亚兰一行时曾经幽默地说，“实际上我们是仅为太平洋一水之隔的近邻”。进入21世纪，中拉双方友好合作关系迈入快速发展的新时期，越来越成为中国外交全局中的重要一环。因为，中国和拉美国家所处的发展阶段相同，都肩负着国家发展、改善民生、构建新型国际关系等共同的历史目标，并从而使中拉命运紧密相连。拥抱“一带一路”倡议，推动中拉间发展战略对接，正成为越来越多拉美国家的共识。

联合国拉丁美洲和加勒比经济委员会执行秘书阿莉西亚向媒体表示，拉美国家不应缺席习近平主席提出的建设“一带一路”倡议。拉美和加勒比地区十分重视与中国的关系，“一带一路”倡议为拉美国家加强与中国以及亚洲的贸易交流和经济合作创造有利的条件，带来历史性机遇，进而促进与世界相联通，共享繁荣。同时，还可以从中吸取先进的发展经验和理念。

近几年来，“一带一路”建设已成为中拉关系快速发展的新“风口”。中国已同7个拉美国家建立了“战略伙伴关系”。截至2017年底，中国分别与乌拉圭、阿根廷、巴拿马发表了涉及“一带一路”的联合声明或谅解备忘录。在经贸交流与合作领域，中国已成为拉美第二大贸易伙伴和海外投资来源国。目前，中国与智利等3国签署的自贸协定实施顺利。中拉贸易恢复性增长势头良好。2017年1—11月，中拉货物贸易达到2338亿美元，超过2016年全年水平。截至2017年5月，中国已同14个拉美国家签署了航空运输协定，中拉之间已有4条定期航线。中国在拉美的投资规模持续扩大。2016年中国在拉美的直接投资存量超过2070亿美元。中资企业已在30个拉美国家开展投资合作，涉及能源资源、基础设施、农业、制造业、科技创新等多个领域。其中有智利计划同中国合作建设一条长1.9万公里的跨太平洋海底光缆的项目，将中国和拉美用“数字化”连接起来；还有中国正在和秘鲁和巴西讨论，修建一条贯通大西洋和太平洋的两洋大通道等等。另一方面，中拉间丰富的人文交流也在轰轰烈烈地开展起来，成功地拉近了中国和拉美人民心灵的距离。2016年是中国和秘鲁建交45周年。秘鲁驻中国大使卡普内伊和我，联手用中文和西班牙文编辑出版了一本纪念横跨大洋的两大文明古国古往今来友好关系发展的华美文集。2017年是中国和阿根廷，中国和墨西哥建交45周年，一系列丰富多彩的文艺表演和文化交流活动如火如荼地进行，受到广泛的欢迎，进一步加强了中拉人民相知、相识、相交的友谊。正可谓“国之交在于民相亲”，而“民相亲在于心相通”，“心相通在于情相连”。

“普埃弗拉的中国姑娘”纪念碑

展望扬帆愿景　中拉携手圆梦

当今世界正处于大发展、大变革、大调整之中，人类面临许多共同挑战。各国相互联系和依存日益加深。“一带一路”倡议提出5年多来的实践证明，“一带一路”建设顺应时代潮流，适应发展规律，符合各国人民利益。中国同拉美和加勒比国家地理相距虽然遥远，但世界和平、发展繁荣和人民幸福是我们共同追求的梦想。中国人民愿同拉美和加勒比各国人民携手并进，为推动构建人类命运共同体作出更大贡献。

2018年1月22日，中国—拉美和加勒比国家共同体论坛第二届部长级会议在智利开幕。习近平主席致信热烈祝贺并表示：“4年前，我提出‘一带一路’国际合作倡议，就是要同有关各方一道，建设互联互通国际合作新平台，增添共同发展新动力。创意提出后，得到包括许多拉美和加勒比国家在内的国际社会积极热烈响应。历史上，我们的先辈劈波斩浪，远涉重洋，开辟了中拉‘太平洋海上丝绸之路’。今天，我们要描绘共建‘一带一路’新蓝图，打造一条跨越太平洋的合作之路，把中国和拉美两块富饶的土地更加紧密地联通起来，开启中拉关系崭新时代。”习主席的这一席话在拉美和加勒比各国引发了对“一带一路”建设更加广泛而热烈的响应，有力地推动了“一带一路”奔向远大的征程。

在此次会议上，中拉双方探讨了在“一带一路”框架内实现中拉发展战略对接，用共建“一带一路”的理念、原则和合作方式推动中拉各领域务实合作，携手开创发展新机遇，谋求发展新动力，拓展发展新空间，为中拉关系未来发展开辟新前景。中国国务委员兼外交部长王毅在致辞时表示，按照习近平主席和拉方领导人确定

的建立平等互利、共同发展的全面合作伙伴关系目标，中方愿同拉方一道，以本次会议为起点，以共建“一带一路”为契机，实现中拉跨越大洋的牵手。他说中方关于下阶段中拉合作有五点建议：

第一，中拉要建设陆洋一体的大联通。中方将积极参与拉美地区交通运输、基础设施、能源等硬件建设和互联互通，愿同更多地区国家商签“一带一路”合作文件，推动更多项目得以实现；

第二，中拉要培育开放互利的大市场。中方将促进同地区各国贸易和投资便利化，培育好中拉20亿人口的大市场。欢迎拉美各国积极参与将于今年11月举办的首届中国国际进口博览会；

第三，中拉要打造自主先进的大产业。拉美要培育起具有竞争力的支柱产业。双方共同建设物流、电力、信息三大通道，支持拉美尽快建成自主多元的工业体系；

第四，中拉要抓住创新增长的大机遇。中方愿将“一带一路”科技创新行动计划对接拉美，搭建中拉网上丝绸之路和数字丝绸之路。中方也愿支持拉美和加勒比中小国家提升应对气候变化的能力；

第五，中拉要开展平等互信的大交流。中拉都在探索符合自身国情的发展道路，中方愿同拉方加强治国理政经验交流，扩大政党、地方、媒体、智库、人文、青年等各领域的往来。

综上所述，我们坚信，中拉双方在“一带一路”这一造福世界的世纪工程中携手扬帆远航，一定会跨洋实现中国梦和拉美梦更加美好的明天，驶向人类更加美好的未来！

西路东风——“一带一路”上的白罗斯

吴虹滨，1950年生于安徽泗县。1968年底上山下乡到海南岛的广州军区生产建设兵团。1973年到北京外国语学院俄语系学习，1977年毕业后到外交部工作。1979年至1982年在中国驻苏联大使馆工作。1984年至1985年在苏联国立白俄罗斯大学进修，从此与白俄罗斯结下不解之缘。1988年至1991年底再次就职于中国驻苏联大使馆，目睹了苏联解体的全部经过。1995年至1998年在中国驻白俄罗斯大使馆任政务参赞。2001年起，先后任中国驻塔吉克斯坦、白俄罗斯、土库曼斯坦大使。2011年退休，现任中国中亚友好协会副会长。

西风不度白罗斯

欧亚大陆桥上有一个重要节点——白罗斯。几百年来，中东欧平原上的两大势力——俄罗斯和波兰就一直势不两立，像两把巨大的铁扫帚，在广袤的平原上扫来扫去，世代为仇。波兰的军队两次打入莫斯科，做到了希特勒想做却没做到的事。俄罗斯则伙同普鲁士和奥地利，三次瓜分了波兰。夹在这两大势力争斗中的一小块土地上，一个性喜平和的弱小民族顽强地生存着，它就是白罗斯。

从俄罗斯首都莫斯科到波兰首都华沙之间的大路自古至今是一条直线。莫斯科向西700公里，华沙向东500公里，交汇点就是白罗斯首都明斯克。白罗斯人和俄罗斯人同属东斯拉夫人，本是同根兄弟。可是白罗斯总体上没受到蒙古铁骑的蹂躏，更多地保留了斯拉夫人纯正的血统，虽说也酷爱伏特加，但少了些蒙古人的剽悍好斗，而在民族形成的过程中又广泛受到波兰民族的影响，所以白罗斯人在血统上与俄罗斯人同宗，文化、风俗上却又打上一些波兰人的烙印。

白罗斯人民庆祝反法西斯胜利日

虽然白罗斯在文化上与天主教的欧洲颇有些渊源，可是傲慢的欧洲人却从来不把白罗斯人当做“自己人”，历来认为白罗斯人和俄罗斯人一样都是“东方野蛮人”。第二次世界大战后，按照苏联的意愿最终划定了苏联和波兰的边界，这也是白罗斯的西部边界。白罗斯从此再也西去无门。苏联解体后，白罗斯新的当权者们以为自己从此就是“欧洲人”了，政治上积极向西靠拢。但是白罗斯始终无法脱离俄罗斯的影响，欧洲人也就不肯认白罗斯这门信东正教、跟俄罗斯跑的亲戚。白罗斯永远被划在铁幕的东边。欧洲人为了挤压俄罗斯的战略空间，也曾在经济上、政治上多方拉拢、诱惑白罗斯，演绎类似人们今天在乌克兰看到的那一套。而白罗斯虽然地处西方势力东扩的战略咽喉地带，却和俄罗斯“亲不亲，打断骨头连着筋”，把那些亲西方的政客们赶下台后，步步趋向俄罗斯，最后索性建立起“俄白联盟”，形成了统一的后苏联战略空间。

白罗斯生产的特大型矿山车

白罗斯人似乎骨子里对西风东渐、对西方的文化有本能的怀疑和抵制。1994 年 7 月，人民选举亲俄的年轻政治家卢卡申科为国家首任总统，卢卡申科也不弗民意，五次连任总统，在与俄罗斯结为战略联盟的路上一口气走了 20 年，西方在乌克兰的成功把戏始终没有在白罗斯得逞。

卢卡申科只刮东风

西方国家一直指责卢卡申科在总统大选中作弊，其实，以卢卡申科的亲俄立场和透着浓浓的社会主义味道的社会政策主张，他牢牢地吸引着占总人口三分之二的工人、农民和军人，在任何选举中都可以稳稳地拿到70%以上的选票。

参加国际汉语比赛的白罗斯大学生

卢卡申科是出身农村的朴实汉子，当过兵，复原后回家务农。西方媒体因而时时嘲笑他只是“集体农庄主席”。可是这个当年不起眼的“农庄主席”，凭着他的朴素感情，凭着他在苏联军队当兵的历练，却在苏联解体后的白罗斯最高苏维埃反腐败委员会主席的位子上干得风生水起，威望不断上升，直至当选共和国总统，风风雨雨连干20年，至今稳坐在共和国元首宝座上，国内无人可以挑战他的权威。他立场鲜明，坚定宣称俄白两个民族是亲兄弟，维护俄白联盟。他嫉恶如仇，坚决打击贪污腐败，维护社会公平，保持社会稳定，发扬民族传统文化。他抵制西方意识形态的侵蚀，毫不留情地打击国内亲西方的政治势力。白罗斯不但与俄罗斯老大哥建立起两国统一军事战略空间，还积极参与组织了欧亚经济联盟。

冬天的白罗斯民居

西方把卢卡申科恨得牙痒，指责他是“欧洲最后一个独裁者”，“侵犯人权”，对白罗斯极尽渗透干涉之能事，却始终拿他无可奈何。西方对卢卡申科提出融入欧洲的条件，概括起来就是两个：一是远离俄罗斯，二是实行“民主化”。虽然“民主”是西方社会的“核心价值观”，但是为了拉拢白罗斯打压俄罗斯，西方有时在核心问题上也睁一只眼闭一只眼，许诺增加贸易往来，降低批评卢卡申科“专制”的调门，暂时不提“人权”的事儿。但是总体上，西方对卢卡申科始终保持封锁和抵制。上世纪 90 年代后期，西方对卢卡申科赤裸裸的敌视达到了高潮。西方国家不承认卢卡申科当选总统的合法性，派驻白罗斯的外交使节甚至不向卢卡申科递交国书而径自开展外交活动。有的欧洲国家大使直言，其在明斯克的使命只有一项，就是“支持白罗斯的民主事业”。在各种反政府的会议和街头活动中，常常可以看到欧美国家外交官，甚至是大使的身影。在各种人权问题的国际会议上，白罗斯更是屡屡成为“特殊照顾”的对象，承受着巨大的压力。

中白合作的典范中白工业园

卢卡申科虽是农民出身，但不是缺心眼儿的鲁莽汉子。他毫不隐晦地表达对私有制和资本主义制度的憎恶，批评西方对白政策的虚伪，同时对改善与西方国家的关系、发展经济往来持积极态度。对背俄而去的周边邻国，白罗斯努力扩展同他们的贸易合作，建立起相当不错的睦邻关系。与波兰、波罗的海国家的经贸合作很活跃，与乌克兰保持热络的边境贸易。在俄罗斯通过全民公投拿回克里米亚后，白罗斯一开始表态站在俄罗斯一边，很快就审时度势，转为保持中立。在与俄罗斯老大哥的关系上，虽然龃龉不断，屡受欺负，甚至面临俄罗斯各种想要控制自己的念头，卢卡申科既不改初心，坚持与俄的战略盟友关系，也能适时调节同欧、俄的关系，利用矛盾，摆脱危局。

“一带一路”上的明珠

卢卡申科向东看的眼光并未停留在俄罗斯，他很早就开始关注实行改革开放的社会主义中国。1995 年 1 月，卢卡申科当选白罗斯总统后不久就出访中国。2001 年再访中国，宣称白罗斯是中国走向欧洲的“桥头堡”。那时中白尚未建立战略伙伴关系，但这样的“铁哥们儿”也足以使中国人对白罗斯另眼相看了。卢卡申科 2005 年访华时，双方宣布中白关系进入全面发展和战略合作的新阶段。2013 年卢卡申科对中国进行国事访问，同习近平主席共同宣布两国正式建立“全面战略伙伴关系”。

节日游行

中国和白罗斯在国际舞台上的合作由来已久。当白罗斯饱受西方在“人权”问题上的狂轰滥炸时，中国每次都挺身而出，为白罗斯伸张正义，而那时的俄罗斯看见小兄弟受欺凌，却往往选择不吭声。二十世纪末的一些年里，中国也在国际上被一些国家用所谓“人权”问题、“西藏问题”、“台湾问题”屡屡骚扰。当中国在各种国际会议上回击挑衅、面临投票压力时，总能在白罗斯手中拿到可靠的一票，中国人因而称白罗斯是自己的“铁票仓”。

吴虹滨大使向卢卡申科总统递交国书

中白政治互信关系已经发展到相当高的水平，人文交流络绎不绝，但是经贸合作多年来却总是蹒蹒而行，双方都觉不满意。从双方的经济实力看，中国自是已经相当雄厚，白罗斯也非泛泛之辈。在苏联时期，按照国家经济统一布局，白罗斯建立了科技型的工业体系，生产机械、卡车、拖拉机、精密电子元件和光学仪器，是苏联军事装备生产的重要支撑点，一些产品具有世界水平。白罗斯的教育也很发达，支撑了国家的管理和科研体制。很多中国人赞叹白罗斯的姑娘漂亮，其实除了天生长的漂亮，对人从小到大严格、系统的教育赋予人高贵的气质和知识底蕴，这更重要。苏联解体使得白罗斯的工业没了底气也找不到市场，难以为继。但是对本国往日辉煌的自豪和满足挥之不去，坚持高技术导向、发展外向型经济更是举国上下的共识。二十多年来中白两国搞了几个大的建设项目，但经贸合作总量始终上不去。2012 年，在中白两国领导人的大力推动下，两国企业合资成立“巨石”工业园，双方在高新技术领域的合作有了较明显的发展，但是步子仍不够大，影响仍有限。白方企业主张加强政府职能，坚持追求“高大上”、外向出口，中方根据自己的经验主张企业自主，从小到大滚动发展，双方对于市场经济的认识有不小的差距。

近几年来，情况有了新的积极变化。一是在中国“一带一路”倡议的推动下，整个欧洲开始谋划互联互通，白罗虽然在政治上仍被看做另类，但也被纳入大区域合作规划里。中国和白罗斯都可以从全球贸易自由化的角度审视双边合作。二是在白罗斯也有越来越多的人认为，中白经贸合作不但要有“高大上”，更应该着力推动两国民企，特别是中小民企的交流与合作。这不但扩大了合作的领域和潜力，也为合作注入了相当大的活力。三是中欧班列越办越红火，白罗斯这个桥头堡和中转站的作用益发显得重要，积极性也被更多地调动起来。看来，中白全面合作的新阶段，一个践行“一带一路”精神、更加脚踏实地、惠及两国百姓的合作新阶段就要开始了。

“一带一路”上的阿拉伯国家：阿曼

赵学昌，1942年3月出生于山东，1961-1966年，就读于北京大学东方语言文学系，1966年9月参加工作曾任外交部亚非司副处长、处长、参赞；并先后在我国驻摩洛哥、埃及、埃及等大使馆任一秘、参赞、公使衔参赞；2000-2003年任驻阿曼苏丹国大使，2004年退休，2011年4月荣获北京大学外交贡献奖。

阿曼是一个古老而新兴的国家

阿曼苏丹国（THE SULTANATE OF OMAN）位于阿拉伯半岛东南部，与阿联酋、沙特、也门接壤，濒临阿曼湾和阿拉伯海，有1700公里海岸线，扼海湾石油出口的重要通道霍尔木兹海峡，是距中国最近的阿拉伯国家。国土面积30，95万平方公里，人口近500万。伊斯兰教为国教，90%人口属逊尼派伊巴德教派。官方语言为阿拉伯语，通用英语。首都马斯喀特（MUSCAT）。阿曼是一个世袭君主制国家，禁止一切政党活动，苏丹即国家元首，现任苏丹卡布斯·赛义得1970年7月23日即位，是当今在位时间最长的国王之一，他还任首相、财政大臣、外交大臣、武装部队最高统帅和皇家警察司令。

近年来，阿曼政局平稳，卡布斯苏丹对内强调“建设发展”，通过改组内阁，成立国家委员会等完善国内管理机制。大力发展经济，对外主张“和谐共存”，注重发展与海湾及周边邻国关系，注意维护与美国及西方国家关系，务实倾向十分明显。阿曼20世纪70年代发现石油后，石油天然气成为阿曼支柱产业，总收入占国家财政收入的75%，占国内生产总值的一半以上。

卡布斯苏丹执政近五十年来，阿曼已由一个闭关锁国、封建落后的国家变成了一个祥和安定、安居乐业的新兴国家。人均国民收入已由最初的100美元猛增至3万美元，总之，与1970年相比，阿曼的面貌已发生了根本变化。由于政府积极发展社会福利，普遍提高工资和待遇，各阶层人民对现政权满意，对卡布斯苏丹拥护，阿曼已成为海湾乃至阿拉伯世界最稳定的国家之一。

首都马斯喀特已由一个小渔村变成繁花似锦、气势宏伟的现代化城市。国宾馆“布斯坦宫”曾被列为世界第九大饭店，机场路旁的政府机关大楼形态各异，给人以庄重典雅的感觉。穿过布满写字楼的西式建筑的蝴蝶状银行大街，相映成趣的是低墙穹顶园窗框的阿拉伯民宅。当地政府规定，民宅一律白色外观，高度不准超过十三米。在马斯喀特徜徉，人们恍如进入一个奇妙的神话世界。那精雕细琢、鎏金辉煌的塔式建筑和白色尖顶古朴典雅的清真寺布局得当，相映成趣，清真寺的四周往往是一片地毯似的草坪，草坪之中，小径纵横，花姿婀娜，一些外籍劳工不时在那剪修花草，节奏快捷而有条不紊，家家户户不惜用昂贵的淡化海水浇灌的花园树木，墙头草都枝繁叶茂；那孔雀翎羽色的椰林和一串串琥珀色的椰枣令人称道，流连忘返。

苏哈尔号—中阿友谊的象征

中国同阿曼有着源远流长的友好往来和良好合作关系。关于阿曼的名字，最早在公元一世纪中国的古籍中就出现过“阿蛮国”，也就是今天的阿曼。公元 304 年，我国西晋时期的有关文献中便有了对阿曼等海湾地区造船工艺的介绍，介绍船板由椰树皮搓成生长组合，完全不用钉子，用椰枣汁儿作粘合剂非常牢固。阿曼人正是用这种木船，把南方佐法尔省产的乳香源源不断运往中国的广州、泉州等地，阿曼人把这条由阿拉伯到中国南方的海路称为“香料之路”。通过香料之路，阿曼商人给中国运来亚麻、棉花、羊毛、金属制品以及阿曼特产乳香（一种名贵香料），返回时则满载中国的丝绸、陶瓷、樟脑以及麝香等。中国明朝著名航海家郑和七下西洋曾数次到达阿曼港口补充给养。中国古老的文明也因此被阿曼人民所熟知，中国的陶瓷等文物至今仍散见于阿曼家庭及古城堡中。

另外，伊斯兰教传入中国尤其是中国的东南沿海，阿曼商人也作出了很大贡献。他们到达中国后与当地妇女结婚生子，延续后代产生了穆斯林后裔，他们兴建清真寺广为传播伊斯兰教义。今天中国穆斯林人口已达两千多万，全国近三万座清真寺。可以说阿曼商人为中国穆斯林的产生与发展做出来不可磨灭的贡献。

上世纪70年代，阿曼南部佐法尔省曾发生过反政府的武装斗争，正值中国文化大革命，受极左思潮影响，中国曾一度表态支持佐法尔运动。卡布斯苏丹上台后，采用刚柔并济，招安与镇压相结合很快平息了叛乱。1978年两国谈判建交时，阿方不计前嫌，很快与中方达成建交协议，阿曼成为海湾合作委员会六国中第二个与中国建交的国家。建交后两国关系发展顺利，双方各层次互访不断，各领域友好合作富有成果。

1980年10月，在卡布斯苏丹的亲自关照下，阿曼重建了一艘仿古木船，起名“苏哈尔”号，从首都马斯喀特港出发，几十名船员、水手齐心协力，沿着古代海上通道乘风破浪，克服了种种困难，航行近万海里，历时九个多月，终于1981年7月成功抵达中国广州。两国政府有关部门举行了盛大欢迎仪式，庆祝苏哈尔号仿古船成功再走海上丝绸之路。卡布斯苏丹还出资在广州建立：“苏哈尔号纪念碑”。苏哈尔号返回马斯喀特后停放在阿曼国宾馆“布斯坦宫”入口处。2001年中国国庆节，卡布斯苏丹还向时任国家主席江泽民赠送了“苏哈尔”号模型。苏哈尔号成为了中阿友谊的象征，也是中阿人民友好交往的见证。

2008 年 4 月 14 号，北京奥运会火炬在马斯喀特传递，人们把这一安排视为一个多月后即 5 月 25 日两国建交三十周年最好的纪念。马斯喀特是北京奥运火炬在海湾及阿拉伯世界的传递点，按预定方案传递路线设在布斯坦宫饭店入口处的环岛，终点城市中部的自然公园，沿途 20 多公里经过马斯喀特重要街道和景区。奥运火炬在马斯喀特传递对阿曼来说显然是一件举国盛事，正如阿曼奥委会主席所说，我们为马斯喀特能成为中东唯一一个火炬传递城市而自豪。奥运会成为全世界人民的共同节日，将促进不同民族的交流，拉近不同国家间的距离。整个传递过程对阿曼人来说，更像是一个纯粹的狂欢仪式。沿途到处可见身穿传统服装、皮肤黝黑的阿曼男子，人人腰挎 30 多厘米长的的银质阿拉伯腰刀，围成一个圈，边唱边跳，圆圈的中心是两个手持大鼓的乐手，他们看到旁边的中国人纷纷伸手邀请观赏或加入他们的队伍。火炬传递路线的起点是见证中阿人民友谊的“苏哈尔”号木船，具有特别意义。随着第一名火炬手跑出，他身后带动的数千名普通跟随者也随之而动，巨大的人流在火炬的引导下向前涌动，道路两旁则是成千上万的阿曼中小学生，他们手持中阿两国小国旗，口中不停喊着：“中国！中国！”火炬传递所到之处，正在进行交易的集市商人、市民也纷纷朝火炬聚拢，最后到达天然公园时，当地居民穿着传统服装，带着不同颜色的头巾，载歌载舞热烈欢迎圣火到来。

海内存知己，天涯若比邻。中阿两国人民是患难与共的朋友，也是共创幸福未来的战友。2008 年 5 月 12 日四川汶川大地震，阿曼政府和人民感同身受，第一时间做出积极反应。卡布斯苏丹个人捐款二百万美元，运来了灾区急需的阿拉伯帐篷和医药食品，阿曼政府很快捐款 3500 万人民币，在灾区重建了一个村庄，取名：阿曼村。共为350户居民修建了新居，另建一所医院、一所学校及配套设施。人们在很远处就可以看到学校楼房上写着："阿曼苏丹国援建学校"的大字以及校门口"情义无价，感恩阿曼，风雨同舟，友谊长存"的校训。

"一带一路"提升中阿合作水平

阿曼作为"一带一路"的重要节点国家，对习近平主席提出的"一带一路"倡议给予了高度评价和支持。阿曼是亚洲投资银行的创始成员国，为推动该银行的正常运转做了很多工作。中阿两国近年来在经济领域特别是石油开采、石油加工等方面成果显著。阿曼曾是中国石油的最大出口国，目前仍是中国石油的第五大石油出口国，为了支持"一带一路"倡议，阿曼政府在南部地区建立了杜库姆经济发展特区，专门划出1200万平方米命名为：中国产业园。到目前为止已有数家中国企业入驻并已开展了基础设施的建设工作。

2018年5月15日，阿曼外交事务主管大臣阿拉维访华，与王毅国务委员兼外长会谈。王毅表示，中方通过"一带一路"建设，重点推动两国互联互通、产业园、能源产能、科技、金融、港口等领域务实合作。阿拉维说，阿方将积极参与"一带一路"建设，不断提高阿中合作水平。会谈结束后，双方签订了两国政府共同推进"一带一路"建设谅解备忘录。

2018年5月25日，中阿建交40周年之际，习近平主席与卡布斯苏丹互致贺电，共同宣布建立中阿战略合作伙伴关系。习近平在贺电中指出，中阿建交40年来，两国政府和人民相互尊重、平等相待，结下了深厚友谊。双边关系全面快速发展，给两国人民带来了实实在在的好处。两国关系定位提升至"战略伙伴关系"，将为两国关系发展提供有力政治保证，引领两国在共建“一带一路”合作中取得更多成果，推动两国关系不断迈上新台阶。卡布斯在贺电中表示，阿方重视发展对华关系，珍视建交40年来两国友好合作取得的积极成果。愿通过建立不断加强阿中战略伙伴关系，进一步促进两国共同利益。

拉丁美洲与“一带一路”

朱祥忠，1932 年 10 月生于江苏涟水。1945 年入党并参加革命工作。1955 年至 1960 年在莫斯科国际关系学院学习拉丁美洲语专业。回国后在美澳司（后改为美大司）、欧美司工作，后期任司领导小组成员。1969 年至 1985 年先后两次去我国驻古巴使馆工作，先任秘书后任政务参赞。1985 年至 1988 年任外交部美大司副司长，主管拉美事务。1988 年 1995 年先后任我国驻秘鲁和智利大使。1996 年 3 月离休。现为外交部老干部外交笔会理事和中国国际问题研究基金会名誉理事和研究员。主要著作有：《拉美亲历记》《我的拉美外交生涯》《世界最狭长的国家——智利》等，合著多部。曾任钱其琛主编的《世界外交大辞典》和唐家璇主编的《中国外交辞典》常务编委。

拉丁美洲（包括加勒比国家，简称拉美，以下同）不论从历史渊源，还是现实条件和远景规划上看，同“一带一路”倡议都有着不可分割的联系。2017 年 5 月“一带一路”国际合作高峰论坛上，拉美国家反应热烈，普遍希望“一带一路”能够向拉美延伸。同年 11 月，巴拿马总统访华时，习近平主席明确表示，中方把拉美看作

“一带一路”建设不可或缺的重要参与方。2018年1月，在智利首都圣地亚哥举行的“中国—拉美和加勒比共同体（简称拉共体）”论坛第二届部长级会议上，就“一带一路”倡议发表特别声明，认为这一倡议为中国和有关国家开展互利合作提供新的理念，注入了新的活力，搭建了新的平台，可以成为深化中拉经济、贸易、投资、文化、旅游等领域合作的重要途径。参加会议的拉共体33个国家外长对倡议一致表示欢迎和支持。拉美国家成为“一带一路”倡议合作的重要组成部分。

拉美是发展中世界重要板块，在国际格局中起着十分重要的作用

拉美地区幅员辽阔、人口众多、资源丰富，具有巨大的发展潜力。拉美实行工业化较早，经济发展具有相当水平，被称为“发展中国家的发达地区”。

拉美拥有33个独立国家和12个未独立地区，陆地面积逾2072万平方公里。地形多样，气候温和，能矿农牧资源十分丰富。森林覆盖率达50%，拥有世界淡水资源的17%。已知的现代化工业所需要的20多种最重要的矿物原料中的大部分，拉美都有丰富的储量，其中铜、铁、锰、铋、锑、银、硝石、硫磺等储量，均居世界前列。探明的石油储量占全球的25%。铁矿石、铜、铝土等大宗产品，分别占世界总产量的24%、40%、28%。大豆、牛肉产量分别占47%、21%。生物燃料占世界的31%。

2013年，拉美总人口为6.15亿，国内生产总值6万亿美元，人均9881美元。拉美城镇化水平较高，2010年即达79.6%。

拉美国家普遍实行独立自主、多元、务实的和平外交政策，在国际舞台上十分活跃，发挥着重要作用。

中拉关系历史悠久，很早就开通了海上丝绸之路

2013 年 10 月，习近平主席访问东盟时提出“21 世纪海上丝绸之路”构想。其实，海上丝绸之路自秦汉时期即已开通，发展于三国隋朝时期，繁荣于唐宋时期，明代海上丝绸之路航线已扩展全球。向东航行的“广州—拉丁美洲航线”，1575 年由广州启航，经澳门出海航行至菲律宾马尼拉港，通过圣贝纳迪诺海峡进入太平洋，最终到达墨西哥西海岸的阿卡普尔科港和秘鲁的利马港。至今在阿卡普尔科港口的拉克布达广场上，仍高高耸立着一座“中国之船”纪念碑。

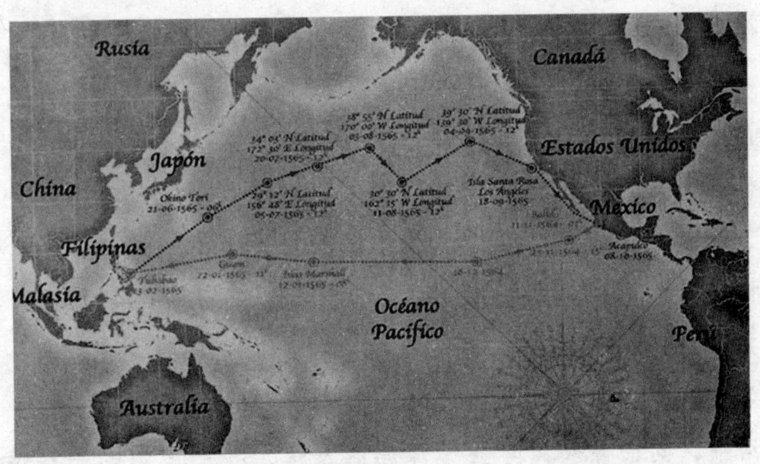

中国和拉美古代海上丝绸之路示意图

据历史纪载，在我国明朝万历三年，即墨西哥等拉美国家处于西班牙殖民统治初期，中国货物丝绸、瓷器、棉纱等即通过被西班牙人占领的马尼拉输入墨西哥，很受当地人民的欢迎。通过商品交换，大量墨西哥银元流入中国，促进了两国商业和人员往来，也促

进了我国商品货币关系的发展和币制改革。16 世纪在墨西哥城出现了美洲第一条“唐人街”，即中国人居住的街。

在墨西哥流传着一个颇具传奇色彩的真实的民间故事。1614 年，一个 13 岁的中国姑娘，名叫美兰，随其父母出洋途中，被海盗劫持转卖到墨西哥普埃布拉市一个将军家中当女仆。她美丽聪明又善良，赢得了女主人的好感，收她为义女。她心灵手巧，擅长编织和刺绣，绣的衣裙优美，色彩艳丽，深受当地人的喜欢，形成一种吸收中墨两国民间服装特色的“中国—普埃布拉女服”，一直流传至今。她还把有关技艺传授给当地人民，从而同他们结下了深厚的友谊。她去世后，普埃布拉市政府和人民在城堡花园里为她建了墓碑，上面耸立着身穿彩色绣花衣裙的美兰雕像。在围墙一块铜牌上写着：“普埃布拉的中国姑娘”，“她出生于高贵的摇篮，那种谦虚的品格令人敬佩。她生存了 87 个年头。她的逝世，使大家惋惜、悲痛。1688 年立”。美兰的故事成为中墨两国人民友好的千古佳话，代代相传直至今天。

秘鲁也是同中国交往较早的国家。明清时期，已有一些中国商人、工匠、水手、仆役等经过菲律宾来秘鲁经商或做工，但大批华人来秘鲁是在第一次鸦片战争以后。据统计，1849 年至 1874 年期间，共有 10 万名契约华工来到秘鲁。他们为秘鲁的农业发展，为铁路、公路、矿山和港口建设以及挖鸟粪等，做出了重大贡献。他们在劳动中，同秘鲁人民建立了深厚的友谊，并把中国的一些传统文化带到了秘鲁，把中国种植水稻的技术引进了秘鲁，使当地人养成了吃大米的习惯。

中国人还经过澳门把茶叶的种植技术和饮茶习惯传到了巴西。在里约热内卢市附近的旅游胜地耶稣山蒂如卡森林公园内，当地政府为纪念来巴西种茶的中国人，建了一座中国风格的八角凉亭。这是到巴西旅游的中国人必去的地方。

“中国之船”通过古老的海上丝绸之路，经过墨西哥、秘鲁和巴西等大洋沿岸国家，再把中国商品和人员运送到拉美其他国家和地区，中拉之间从而开始了长期持续的友好往来。

1949年中华人民共和国成立后，特别是改革开放以来，中拉关系进入了新的历史发展时期

由于历史原因，起初拉美国家大多同台湾当局保持“外交关系”，没有同我国建交，但保持着经贸和文化往来。1960年9月，革命胜利后不久的古巴同我国建交；1970年12月，智利同我国建交，中拉关系揭开了新的一页。20世纪70年代起，随着中美关系的变化和我国改革开放的推进，中拉关系得到了大的发展。

进入21世纪，特别是中共十八大以来，中拉关系进入了全面发展的新时期。至今，我国已同拉美33个国家中的23个国家建交，其人口和面积占地区总人口和总面积的90%以上。

中拉高层交往频繁，政治互信不断加深。2000年以来，中国历届国家领导人多次访问拉美国家，拉美国家合计有100多位领导人访华。中共十八大以来，习近平主席三次访问拉美，足迹踏遍10个国家，还在双、多边场合同拉美国家领导人频频会晤。这在中拉关系史上是前所未有的。通过高层互访，有力地推动了中拉关系的发展。

我国同许多拉美国家建立了战略伙伴或全面战略伙伴关系，在国际重大问题上互相协调配合，相互支持。2014年7月，习近平主席访问巴西时同该地区国家领导人举行了集体会晤，正式建议：“中拉双方共同宣布建立平等互利、共同发展的中拉全面合作伙伴关系，努力构建政治上真诚互信、经贸上合作共赢、人文上互学互鉴、国际事务中密切合作、整体合作和双边关系相互促进的中拉关系”新

格局。此建议得到拉美国家的积极支持，宣布建立中国同拉共体定期举行中拉合作论坛的机制。因而中拉关系从双边合作提升到了整体合作的新高度。

往返于中国和墨西哥之间的古代中国商船

中拉经贸合作有了飞速发展。中拉贸易额从2000年的126亿美元，增加到2017年的2578亿美元，扩大了20倍。中国已成为拉美仅次于美国的第二大贸易伙伴国。拉美则是我国仅次于亚洲的第二大海外投资目的地，投资存量从2000年的10亿美元上升到2017年的2071亿美元，增长207倍。我国已同智利、秘鲁和哥斯达黎加签定了双边自由贸易协定。目前我国在拉美的企业达2000多家，其中包括中石油、海尔集团、华为电讯等国际知名大企业，合作领域涵盖了能源、矿业、金融投资、机械电子、农业食品和高新技术等诸多重点领域。在拉美，无论是海拔4000米的高原，还是3000米的深海，都有中国建设者的身影。中国企业坚持正确义利观，累计为当地创造了数百万的就业岗位，投入上亿美元用于环保和公益事业，为促进当地经济增长、社会发展、民生改善做出了积极贡献，受到社会各界的普遍欢迎。

中拉金融合作势头良好。中国有关金融机构不断加强对中拉经贸合作的支持，特别是对拉美国家基础设施建设的支持。中国银行与阿根廷、巴西和智利等国央行分别签署了数目可观的双边本币互换协议。中国银行在巴拿马和巴西、中国工商银行在阿根廷和墨西哥、中国建设银行在智利，分别设立了分支机构。中拉双方设立了200亿美元的基础设施专项贷款、100亿美元的优惠贷款、50亿美元的中拉合作基金、300亿美元的中拉产能合作基金，以及5000万美元的中拉农业合作专项基金。巴西、委内瑞拉、玻利维亚、阿根廷、厄瓜多尔、秘鲁和智利等7个拉美国家加入了亚投行。这些金融合作为中拉拓展经贸合作提供了有利条件。

中拉科技合作方兴未艾。在中方倡议下，成立了中国和拉共体科技创新论坛，推动了中拉在信息、航空航天、新能源、生物、医药、资源环境、海洋、极地事务等领域的科研与合作。中国和巴西合建的美丽山特高压输电项目就是采用中国自主研发的技术，该项目可满足巴西2000万人的用电需求。中巴联合开发的地球资源卫星项目，被称为南南合作的典范。

国之交在于民相亲，人文合作全面开展，促进了相互了解和友谊。随着中拉友好往来增多和合作关系的拓展，在拉美出现了学习汉语热，在中国出现了学习西班牙语热。至今，中拉合作在14个拉美国家开办了31所孔子学院和10个孔子课堂。2012年在墨西哥城成立了拉美地区首个“中国文化中心”。在中国已有80多所高等院校开了西班牙语课程。中拉双方留学和旅游人数逐年增加。中国和墨西哥、巴拿马、巴西、古巴等国已开通民航班机。

以上成果得益于在习近平主席新时代中国特色社会主义思想指引下，全面深化改革开放，中国综合国力不断增强，积极推动“两个构建”，构建新型国际关系，构建人类命共同体。

在拉美落实“一带一路”倡议的构想和路线图

在2018年1月召开的中拉论坛第二届部长级会议上，中国外长王毅强调“一带一路”倡议旨在秉持共商、共建、共享“三共”原则，本着和平合作、开放包容、互学互鉴、互利共赢的“丝路精神”，推动各国之间通过平等协商，开展政策沟通、设施联通、贸易畅通、资金融通、民心相通“五通”构想，拓展全面互利合作的领域。王毅外长的建议得到拉美各国的热烈欢迎和支持。

朱祥忠大使给智利南方自治大学师生作报告，介绍中国形势和中拉关系

根据“三共”原则，以“五通”为重点，把“一带一路”建设作为中拉关系发展的长期指导方针，其目标是共同建设海陆空一体的大联通，培育开放互利的大市场，打造自主先进的大产业，抓住

创新增长的大机遇，开展平等互利的大交流，以此逐步实现“一带一路”倡议在拉美落地生根，开花结果，推动中拉合作优化升级、创新发展，促进双方实现高质量、可持续的发展。

做好顶层设计，统筹安排，抓住重点，以点带面，争取在一些大的项目上有所突破。重点项目有：建设从秘鲁至巴西的连接太平洋和大西洋的“两洋铁路”、贯通智利和阿根廷的“两洋隧道”、太平洋海底光缆、连接中南美洲的“跨洲铁路”、数字海上丝绸之路，以及巴拿马运河区和巴西巴拉那瓜港口等交通枢纽工程。双方设想建设一条“中国—太平洋—拉丁美洲蓝色经济通道”，北段联接巴拿马运河，中段联接两洋铁路，南段联接两洋隧道和海底光缆，空中开通更多的民航航线和卫星合作，打造中拉海陆空网、全方位立体型联通主干道。

另外，还设想在墨西哥和中美洲建设“贸易投资服务示范区”；在南美太平洋沿岸国家建设“创新合作样板区”；在南美大西洋沿岸国家建设“产能合作重点区”，发挥巴西、阿根廷、委内瑞拉等国市场潜力大、自然资源丰富、工业基础好的优势；在加勒比海国家建设“海岛经济合作区”，以古巴、特立尼达和多也哥、牙买加等国为主要合作对象，深化旅游基础设施、新能源开发、海洋养殖等领域的合作。

把“一带一路”建设同拉美国家建设规划相对接，是重要的有效合作途径。拉美国家正在加速推进工业化进程，调整经济结构改革，特别是基础设施建设，并且制订了中长期发展规划，希望我国提供资金和技术支持。墨西哥、阿根廷、智利、巴拿马和特立尼达和多也哥等许多国家，明确表达了参与“一带一路”建设的愿望。我国对此给予了积极响应，将“一带一路”倡议同对方发展规划相对接，以巴西、阿根廷、智利、秘鲁和巴拿马等国作为重点，并签署了相应的合作协议，使这些国家和人民得到实实在在的利益。双方将努力走实对接路线图，使“一带一路”合作项目在拉美能够得到很好的贯彻实施。

巴西里约热内卢市郊“中国茶亭”

中拉合作已具有坚实基础，积累了丰富的经验，在经贸合作方面互补性强，双方有许多共同点，无根本利害冲突，政治互信日益增强，双方有着发展合作的强烈愿望，并对“一带一路”合作理念相同，因此“一带一路”倡议在拉美一定可以得到顺利实行，从而推动中拉友好合作关系的进一步发展，以造福于当地人民。

丝路上的阿拉伯人

穆罕默德·阿卜杜·阿里·贾比尔·莎菲，阿拉伯国家联盟驻华代表处办公室代办

2008 年以第二名的优异成绩获得开罗阿拉伯研究学院（阿拉伯教科文组织下属学院）国际关系史博士学位，毕业论文“1990—1991 年期间的海湾危机—国际危机中的联合国外交研究”；2004 年以优秀的成绩获得穆斯坦萨利亚大学—国际政治研究学院，政治系硕士学位，毕业论文题目“阿拉伯国家联盟及其在 1945—1979 年间处理阿拉伯边界争端中发挥的作用”；1997 年获得巴格达大学政治系学士学位；2015 年获得中国政法大学国际法律专业的第二个博士学位；2012—2015 年在西安市西北大学任“访问教授”；2000 年进入伊拉克外交部外事服务学院（第 21 期外交人员培训班），2001 年毕业任职于外交部（随员级）并在多个司级部门工作，其中主要有以下部门：

· 2001—2002 年间阿拉伯司（阿拉伯马格里布办）任利比亚事务负责人。

· 2002—2003 年间外长办（新闻办）。

· 2003—2004 年间阿拉伯司（阿拉伯国家联盟办）。

· 自伊拉克改制以来，自 2005 年 1 月 2 日始以一等随员级别成为第一位借调阿拉伯国家联盟总秘书处工作的伊拉克外交人员。曾任职于阿盟总秘书处新闻联络部，阿拉伯新闻部长理事会技术办主任。

·自2007年2月16日至2013年6月30日期间调任阿拉伯国家联盟驻华代表处主任助理。

·驻华代表处阿中合作论坛（共计14个分论坛）主要负责人。

·自2007年起担任阿拉伯大使理事会书记员，在此期间以其出色的工作效率、突出的工作表现得到了阿拉伯各国驻华大使的表彰与赞誉，并被记录在理事会例会纪要中，大使理事会委任其担任多项重要工作，其中包括合作论坛文献、决议、闭幕公报的文字编辑，并负责阿盟秘书处与大使理事会有关中国专题的各类讲演稿与书信的起草工作，多次代表大使理事会出席并参与同中国各部委的谈判会议。

·2013年7月1日调任阿拉伯国家联盟秘书处亚澳司工作。

·2014年调任至国际组织司，任司长助理，联合国办主任。

·2014年6月调任阿拉伯国家联盟驻华代表处副主任。

·2014年9月至2018年6月：阿拉伯国家联盟驻华代表处代表。

2000年我入职伊拉克外交部工作，但从未想过自己会以一名外交官的身份在中国工作。我对中国知之甚少，只在伊拉克外交部服务学院图书馆里读过一本书——《中国简介》，这是一本关于中国的书，我花了一整天时间一气呵成把它读完。

书中提到中国是世界上人口最多的国家，她的经济增长速度超出了所有经济学家和专家学者的预估。同时，她是世界古老文明国家之一。由于她的地理位置、国土面积以及地缘政治，中国与其他发达国家在工业、技术和创新领域等方面有着明显的竞争优势。

以上所提到的这些都表明着中国的伟大，中国的方方面面引起了我浓厚的兴趣。我梦想着有一天能够作为一名外交官去置身其中。

然而，我并没有代表我的国家伊拉克到中国工作，却作为阿盟代表来到中国。阿盟是个历史悠久的组织，2005 年我离开伊拉克外交部到开罗阿盟工作，在开罗工作两年后，便申请来到中国阿盟驻北京办事处工作。

2007 年 2 月 18 日我来到了北京机场，迎接我的是一位在阿盟工作的阿拉伯兄弟。踏上中国的土地遇见第一件奇怪的事：在机场我有个包裹找不到了，当我来到行李服务处进行询问，一位在此工作的女士正喝着热水，这使我非常惊讶！因为我从小就习惯无论在冬夏都喝冰水，所以这件事令我惊诧万分！随后我意识到，我将会目睹更多不同寻常的事情，也会感受到许多不同的生活方式，这将是我前所未有的经历。

中国的春节和新年

中国拥有13亿人口，但是在春节期间，首都北京却像是个被废弃的空城，对此我很好奇！究其原因，一位朋友告诉我：因为这是春节、是中国新年，大多数在北京的外地人会在春节期间返乡探望家人，留在这座城市的只有一小部分还未出游的北京本地人。

莎菲博士在第五届中国阿拉伯友好大会上讲话

夜幕降临，烟花照亮了北京的星空，人们欢声笑语迎接新年的到来，我却因为这京城里的烟花炮竹声无法入睡。后来我才得知，中国人相信烟花会驱逐邪灵，燃放的烟花越多好运就会越多。

2008 年北京奥运会

2008 年，北京将举办奥运会，筹备工作全面展开。中国犹如一个正在为出嫁装扮的新娘，她将以崭新的面貌迎接全世界人们的到来。

建筑物上随处可见的建筑吊车，都在为奥运会的顺利举办争分夺秒。我的一位朋友告诉我，中国的建筑吊车使用量占全世界的 80%，对这个百分比我并不感到惊讶，因为我亲眼见证了这一点。

新公园

在我家的南面是一个非常老旧的平房住宅区，放眼望去，屋顶是中国传统的红砖顶。社区中间有一条狭窄的小巷，只允许自行车和摩托车进入，汽车是无法驶入的。在老城区的路边有个丝绸商场，我每周要去一次，那里有传统的中国产品和服装，并且店员会讲“中式”英文。记得那是一天周末，我沿着同一条路去丝绸商场，但是却感到很陌生。因为原本住宅区的位置已经变成了一座大型的绿色公园，花园中间耸立一棵大树。于是我感觉自己走错路，便原路返回确定这条路是否正确，当我再次走同样的路，才发现为了绿化城市，原来的住宅区已经被装饰成了一座绿色公园。绿化工程仅仅用了一周时间。这时一个问题浮现在脑海里。这个神秘的国度复兴的秘诀是什么？

两个中国人变成一条龙

我来到了位于市中心王府井的大型图书馆，但愿我能找到关于这个神秘中国复兴秘诀的答案。我找到了一本书，名字是：《中国国情》，我买了这本书以及一些小册子，书是阿语英语两种语言。阅读这本书，发现书中有许多比喻，如：一个中国人如同一只蚂蚁，但是，一个中国人加一个中国人就是一条龙。我意识到已经发现了这个犹如旷世宝藏的秘密，那就是合作精神产生力量，团队精神创造奇迹。

2010 年上海世博会

当时，我出任为期45天的阿盟临时主任为2010上海世博会做准备。上海是我在中国见到过的最美丽、最亲切的城市，上海成了世界的焦点。全世界都在中国展示着它的成果和先进的科学、技术、文明，举世瞩目的中国国家馆正处中心，成千上万的游客排队等候数小时只为参观中国馆，这里融汇了现代文明、古今历史、科学技术，并展示了传统与新颖的完美结合。

中国成功举办了奥运会，让世界为中国震惊。举办上海世博会或者说是世界性的聚会，不论是它的规模以及它的重要性，再一次令世界瞩目。

阿中关系史

所有史书均记载着阿中关系和传统友谊已长达两千多年。自陆路和海陆丝绸之路以来，阿中就有贸易往来和文化交流。阿中商队通过陆路海陆借助马匹、骆驼、商船进行着双方的贸易往来。中国的甘英和大航海家郑和以及阿拉伯旅行家伊本·白图泰，他们就像友好使者架起了东西方合作的纽带、和平的桥梁。其中丝绸、瓷器、茶叶、香料和佐料是最重要的商业产品，尽管两族人民地理位距离很远，但是两族人民的友谊、交流是其他各国间交往的典范。当时，因为其他国家之间的国际关系是基于战争与入侵，而不是基于合作和友谊。因此，阿中关系是以平等、尊重、合作为基础的国际合作典范。

阿中人民不仅重视贸易还注重科学和发明。传统中医、草药的治疗与阿拉伯传统医学非常相似。阿中在旧工业、思想、发明创造等许多领域都很接近。沿着伊拉克两河流域的国家有发明文字开始记载的时候，许多人就在木板和泥板上进行书写。那时中国已经制造出了纸张和墨水以方便人类记录科学、历史和知识。

中国还发明了火药，改变了历史上权利的平衡和战争模式，并且还发明了指南针，使得人类在航海过程中正确辨别方向。

在伊斯兰时代，早期的穆斯林所了解的中国是以学识渊博而著称。默罕默德使者（愿主福安之）早在1400多年前就说：“学问，虽远在中国，亦当求之。”

近代以来，阿中经济关系得到了显著的发展。在过去的20年间，贸易增加了数十倍。在高油价期间，最高贸易额超过3200亿美元/年。2018年超过了2000亿美元。

中阿贸易平衡中最具影响力的商品还是石油。中国从阿拉伯地区进口的石油，超出了阿拉伯地区石油产量一半以上，特别是沙特阿拉伯和伊拉克。中国对外投资很大一部分是在石油领域。

中国向阿拉伯国家出口大量产品，其中最主要的是电子产品、电器、机械、汽车、家居日用品、服装和家具等。

中国在阿拉伯国家投资了许多项目，如在沙特阿拉伯、阿尔及利亚、阿联酋、伊拉克、利比亚、苏丹等国投资石油和天然气的项目，在埃及和阿联酋的自由工业区的投资项目。中国在许多阿拉伯国家也实施了其他大型项目，如在苏丹和吉布提的机场和港口项目，和在其他阿拉伯国家的高速公路、火车铁路项目、住宅区、酒店、政府和商业建筑的投资项目。

中国还在一些阿拉伯国家投资了电力、太阳能、风能以及新能源和可再生能源领域的项目。

中国高度重视与阿拉伯世界的关系，并在未来的计划中优先考虑阿拉伯世界。

中国国家主席习近平最近于2018年7月10日在北京举行的阿拉伯—中国合作论坛上发表演讲，反映了中国对阿拉伯世界的浓厚兴趣。这表明阿拉伯世界是“一带一路”倡议的关键部分。阿拉伯世界位于陆路丝绸之路和海陆丝绸之路的十字路口。贯穿历史，中国和阿拉伯国家之间没有任何深刻的分歧，双方经济是相互补充的。中国需要石油和天然气资源，也需要市场来消费其工业产品。同时，阿拉伯国家需要向中国出口石油和天然气，并向其国民提供工业消费品，特别是物美价廉的电子产品。

经济一体化是一个积极的特征，这将确保阿中关系的发展上升到更高的层次。

阿中战略关系

2010 年天津阿中合作论坛部长级会议上，阿中关系升级为战略合作关系。2018 年，在中国国家主席习近平的倡议下，两国关系再次升级为“全面合作、共同发展、互利共赢的战略伙伴关系”。此次升级为阿中关系开辟了更广阔的视野，将关系上升到这一层次，旨在加深双边关系和传统友谊。

“一带一路”的倡议秉承合作精神

“一个中国人如同一只蚂蚁，一个中国人加上一个中国人就如同一条巨龙”。合作精神不仅适用于中国，并且中国国家主席习近平已深知，如果中国向周边国家乃至向国际开放，中国将会变得更加强大。2013 年，他提出了“一带一路”倡议，表明中国向所有与之愿意合作的国家伸开双臂。中国仅用不到 40 年的时间就使国家复兴，中国复兴之路成为国际社会的典范。中国国家主席习近平说人类社会是一个有着共同命运的共同体。只要世界任何地方存在战争，人类就无法享受安全与稳定。政治的稳定、国家的安全是与共赢发展密不可分的。为此中国国家主席习近平提出的新理念是：人类命运共同体。

当一个中国人与他的同胞联合起来时，他就像一条龙，当他与周边地区和国际合作时，他就是一个巨人。

合作理念牢牢扎根于中国的社会思想中，这个理念使中国强大，通过合作，中国使更多的民族和人民受益。

“一带一路”是开拓性的想法，它在邻国中具有很高的人文价值，这是全世界的、全人类的项目。在“一带一路”倡议框架下，中国向世人伸出了双手，让每个加入的成员都能实现发展、实现双赢。

习主席举了另一个中国的例子，说“颜色的融合增加了它的美感，而曲调的和谐增加了它的平静”。中阿双方从一开始就选择了合作和宽容，而不是冲突、竞争和对抗，这是各国人民和平共处的一个典范。

从我对“一带一路”倡议精神理解出发，在北京的工作期间，我致力于巩固中阿友谊的纽带，在2004年成立了阿中合作论坛。

我认识到，体现丝绸之路精神的是尊重他人选择道路的自由。“最好的鞋是适合脚的鞋，最好的判断是受益于人。”

“一带一路”倡议遵守合作、共赢、共同发展、呼吁对话与和平，从而实现互利共赢。因此，正如习主席所说，“秉承‘一带一路’的精神就是致力于团结和分享”。并表示阿中双方将以见解性的和稳健的步骤参与建设“一带一路”。富有洞察力的愿景需要最高层次的设计和良好的方向及目标规划，以形成“1+2+3”合作框架。“1”指的是，作为基本原则在能源领域采取必要的合作，秉承着互惠互利、可靠和持久友谊的特点建立阿中能源战略合作关系，通过深化整个石油天然气产业链的合作，维护能源运输渠道的安全。“2”是指以基础建设、贸易和投资便利化为两翼，采取必要的措施以促进阿中在重大发展项目、试点生活项目、组织安排上的合作，方便两国间加强贸易和投资。在此背景下，中方鼓励中国企业从阿方进口更多非石油产品，以改善贸易框架，在未来10年内，将中阿贸易额从去年的2400亿美元增加到6000亿美元；中方还将鼓励中国企业在能源、石化、农业、制造业和服务业等领域增加对阿拉伯国家的投资，在未来10年内，将阿拉伯国家的非金融投资额从去年的100亿美元增加到600多亿美元。而"3"指的是，以核能、航天卫星和新能源三大高新领域为新的突破口提升阿中实际合作。双方可以探讨建立"中国—阿拉伯技术转让中心"，共同建设"阿拉伯和平利用核能培训中心"，并探讨中国在阿拉伯国家的北斗卫星定位系统的运作项目。"扎实的步骤"旨在实现早日收获。

已经实施的项目有：中国—海湾合作委员会自由贸易区，中国阿联酋联合投资基金和阿拉伯国家参与亚洲基础设施投资银行等建设项目。

概要结论

所有阿拉伯国家都表达了对"一带一路"倡议的无限支持，在2018年7月举行的阿拉伯—中国合作论坛，论坛最后公报表达了对这一倡议的支持。当时中国国家主席习近平出席并发表了历史性讲话。10个阿拉伯国家在"一带一路"框架下签署了各自的合作协议。

中国国家主席习近平自上任中华人民共和国主席以来一直致力于推动中阿关系发展。2016年1月，他访问了沙特阿拉伯共和国和阿拉伯埃及共和国，并在阿拉伯国家联盟总部发表了历史性讲话。他通过提出一份重要的政策文件，其中表达了阿拉伯与中国关系的路线图，该文件载有中国对阿拉伯世界关系未来的展望。这对于中国和阿拉伯国家来说也是首例。

无论是在阿拉伯—中国合作论坛期间，还是在石油价格大幅下跌的情况下，在“一带一路”框架指引下中国与阿拉伯国家的贸易往来一直呈现着显著的增长。

阿拉伯人和中国人有着许多文化习俗和传统上的交织，两国人民在与殖民主义的斗争中有着相似的经历。

阿拉伯人和中国人在斗争中并肩作战。阿拉伯国家支持中国恢复在联合国安理会的常任理事国席位，支持一个中国原则，中国支持所有阿拉伯问题，包括巴勒斯坦的核心问题以及巴勒斯坦人民1967年边界建立国家的权利。

共建“一带一路” 助力中欧合作提质升级

马克卿，曾任中华人民共和国驻捷克共和国特命全权大使。1976 年进入外交部，长期在外交部西欧司和驻芬兰大使馆工作，2000－2001 年任外交部西欧司参赞 2001－2004 年任西欧司副司长，2004－2006 年任欧洲司副司长，2006－2009 年任驻芬兰共和国大使，2009－2012 年 1 月任外交部机关党委常务副书记，2012 年 1 月－2013 年 12 月任驻菲律宾共和国大使，2014 年 2 月－2018 年 8 月任驻捷克共和国大使，现任外交部公共外交咨询委员会委员、国际问题研究基金会高级研究员，北京外国语大学、天津外国语大学、浙江计量大学名誉教授。

2018 年 4 月 25 日至 27 日，第二届“一带一路”国际合作高峰论坛在北京成功举行。40 位国家元首、政府首脑和国际组织负责人以及来自 150 多个国家、90 多个国际组织的 6000 多名代表齐聚一堂，共商“一带一路”如何从“大写意”到“工笔画”，论坛就高质量共建“一带一路”取得广泛共识，形成 283 项成果的清单，中外企业间签署了价值 640 多亿美元的合作协议。这届论坛传递了一个明确信号：共建“一带一路”的朋友圈越来越大，伙伴越来越多，合作质量越来越高，发展前景越来越好。

“一带一路”在欧洲的朋友圈也得到扩大。今年3月，习近平主席访问欧洲三国期间，意大利作为七国集团（G7）首个国家，与中方签署了共建“一带一路”谅解备忘录，在大国中带了个好头。法国总统马克龙和德国总理默克尔都向习近平主席表示，希望欧盟欧亚互联互通战略同“一带一路”对接。第二十一次中欧领导人会晤联合公报对此加以确认。继意大利之后，卢森堡、瑞士也加入了共建“一带一路”行列。至此，参与共建“一带一路”的欧洲国家达到22个，其中欧盟成员国16个。欧洲有9位国家元首或政府首脑出席了第二届“一带一路”国际合作高峰论坛，多于上一届，欧盟委员会副主席和德国、法国、英国高级别代表也与会。

欧洲国家对一带一路”做出更为积极的评价。代表法国总统马克龙出席论坛的法国外长勒德里昂表示，“一带一路”倡议具有重要意义，对重建多边体系做出了重要贡献。英国财政大臣哈蒙德评价“一带一路”是一个“真正有伟大抱负的项目”，他希望英国公司能从中受益。意大利总理孔特表示，意大利参与“一带一路”的态度是坚定的，相信“一带一路”对世界是很好的机遇，会有更多国家加入共建。奥地利总理库尔茨认为，世界形势正在发生迅速变化，参与中国覆盖全球的投资计划是明智的。“一带一路”是一个好倡议，特别是对奥地利这样的出口导向型国家而言。瑞士联邦主席毛雷尔指出，“一带一路”是面向未来的倡议，大家都可以从改善和提升基础设施水平中受益。匈牙利总理欧尔班明确表示，“一带一路”不是威胁，是机遇，匈方坚定支持，积极加入。希腊总理齐普拉斯高度赞扬“一带一路”是个伟大的倡议，既包含中国古代哲学的智慧，又充满对世界前途的思考。它是连接东西方的桥梁，是各国发展的机遇。希腊作为和中国一样的文明古国，能够从历史的长河角度理解“一带一路”，从一开始就积极支持并参与。希腊相信，中国不会用强权征服世界，而是用智慧贡献人类。

欧洲国家对“一带一路”倡议的态度趋于积极，基于越来越多的欧洲国家和有识之士认识到“一带一路”对欧洲是难得的机遇。2008年国际金融危机之后，西方国家自顾不暇，发展中国家经济受到拖累，全球经济发展缺乏动力，可持续发展成为各国的关切，纷纷寻找新的增长点。欧洲是金融危机的重灾区，经过多年努力，经济才缓慢回升。当前单边主义、保护主义肆虐，逆全球化思潮上升，使依赖开放型经济的欧洲国家深受其害。“一带一路”倡议搭建了国际合作的新平台，以基础设施建设为重点，通过5个联通，推动“一带一路”框架下的联动发展和成果共享，为世界经济增长挖掘了新动力，开辟了新空间。这有利于破解欧洲国家面临的经济发展的困境和瓶颈，带动欧洲经济的新一轮增长。

共建“一带一路”对欧洲国家产生越来越大的吸引力，源于近6年来“一带一路”给欧洲各有关国家带来的红利。

在欧洲国家中，中东欧16国（包括波兰、匈牙利、捷克、斯洛伐克、斯洛文尼亚、克罗地亚、罗马尼亚、保加利亚、爱沙尼亚、拉脱维亚、立陶宛等11个欧盟国家和塞尔维亚、北马其顿、阿尔巴尼亚、波黑、黑山等5个非欧盟国家）作为重要沿线国，是“一带一路”进入欧洲的重要承接地，最早与中国签署了共建“一带一路”谅解备忘录。这得益于中国－中东欧国家“16+1合作”的开展和不断深化。“16+1合作”是中国与中东欧国家共同打造的跨区域合作平台，经过7年的发展，取得丰硕成果。双方贸易额增加了50%，中国对16国的投资增长超过300%。在基础设施互联互通方面，有匈塞铁路、克罗地亚佩列沙茨跨海大桥等标志性项目。在产能合作领域，河北钢铁集团收购塞尔维亚斯梅代雷沃钢铁厂在当地产生了良好的经济和社会效益。最近山东玲珑轮胎在塞尔维亚投资近10亿美元建设高性能子午线轮胎，这是“16+1合作”框架下迄今最大的绿地投资项目之一。中国到中东欧的游客累计增长了600%，2018年超过140万人次，中东欧国家来华旅游达到35万人次。共建“一带一路”是“16+1合作”的自然延伸和拓展，也使合作得到进一步深化和提升。不久前举行的第八次16+1领导人会晤发表了“杜布罗夫尼克纲要”，规划了下一步发展蓝图，将在互联互通、金融、教育、青年、体育等多领域深化合作。会晤期间还接纳希腊为新的成员，实现了16+1机制的扩容。“16+1合作”产生了双赢和多赢的成果，是中欧合作的重要组成部分和有益补充，也是共建“一带一路”成果的展示。

继中东欧16国之后，希腊、奥地利、葡萄牙、意大利、卢森堡、瑞士等欧洲国家也相继加入了共建“一带一路”行列。而“一带一路”框架下的务实合作，实际上早已在中国与欧洲各国之间广泛展开并取得显著成果。

——中欧班列在互联互通方面最具有代表性，截至今年3月已累计开行1.4万多列，通达15个国家，50个城市。一度存在的回程空载问题也部分得到解决，2018年返程班列已达去程班列的69%。有关统计显示，在中欧班列的带动下，到德国杜伊斯堡投资的中国企业，由2014年的40家，增加到目前的100多家。班列仅在物流领域就为该市创造了6000多个就业岗位。

——中运海接手并成功经营希腊比雷埃夫斯港是中欧互联互通合作的典范。在中资企业接手之前，该港只是一个本地港，现已成为地中海地区重要的枢纽港和“一带一路”蓝色经济通道不可或缺的一环。2010年至2018年，比港集装箱吞吐量在全球的排名由第93位跃升至第32位。比港的成功，有力带动了希腊经济的发展，造福于当地民众。

——中欧在第三方市场合作方面先行先试，初见成效。中法在英国欣克利角核电站项目上合作，德国西门子公司与中国上百家企业合作开拓全球市场。在习近平主席访问法国期间，两国签署了第三方市场合作第三轮示范清单，示范项目已达10多个。

——中欧金融领域合作方兴未艾。2015年亚洲基础设施投资银行成立之初，英国在大国中带头作为创始成员国加入，目前已有24个欧洲国家成为亚投行成员国。中英之间开启了沪伦通合作。2017年6月，欧洲央行将价值5亿欧元的外汇储备从美元兑换成人民币，标志着欧洲央行首次将人民币作为储备货币投资。有些欧洲国家购买了熊猫债券。近年来，中国银行、工商银行、交通银行等金融机构纷纷在欧洲国家新设分行。

——“一带一路”不仅在设施联通上，而且在人文方面拉近了中欧之间的距离。中欧之间每周有600多个航班往返，欧洲成为继亚洲之后中国游客的第二大旅游目的地区。众多的欧洲民众从海外仓和网上购买中国物美价廉的商品，银联、支付宝等“中国式”支付方式在欧洲各国越来越普及。

应该看到，“一带一路”在欧洲的发展是不平衡的，各国和次地区参与共建“一带一路”的热度有差异，共建“一带一路”在欧洲

的推进也一直伴随着不理解、误读和质疑，怀有五味杂陈的复杂心态。但不同于某个别大国一味地反对“一带一路”，欧盟的出发点是参与，在参与中获利，在参与中施加影响。欧洲是古代丝绸之路的另一端，是当今发达国家集中的地区，是推进“一带一路”的重点区域。欧洲发达国家的参与，客观上有利于“一带一路”向高质量、高水平提升，与“一带一路”下一步的发展目标相向而行。

习近平主席在高峰论坛上提出，要本着开放、绿色、廉洁理念，追求高标准、惠民生、可持续目标。强调要对接普遍接受的国际规则标准和最佳实践，充分尊重各国法律法规，使高质量的要求切实落地。这些措施对欧洲有着很强的针对性。习近平主席还宣布，中国将采取一系列重大改革开放举措，包括在更广领域扩大外资市场准入、更大力度加强知识产权保护国际合作、更大规模增加商品和服务进口等。这些开放举措，是根据中国改革开放需要做出的自主选择，也将为“一带一路”提供更大的机遇。

“一带一路”源自中国，属于世界，惠及包括欧洲在内的世界各国。同时共建“一带一路”是一个发展的过程，不可能一蹴而就，不可避免会有一些发展中的烦恼。欧方提出的建议只要是建设性的，都会受到欢迎。中欧建交已44年，建立全面战略合作伙伴关系16年，欧盟连续15年是中国的第一大贸易伙伴，中国是欧盟的第二大贸易伙伴，2018年双方贸易额达到6820亿美元。欧洲国家是中国的最大投资方之一，中国在欧洲的投资存量也已达860亿美元。中欧在历史上通过古丝绸之路相互交融，今天双方更是利益与共。“一带一路”秉持共商共建共享的原则，体现的是相互尊重、公平正义、合作共赢的理念，本身就是对多边主义和开放型世界经济的支持。这些与欧盟的理念和诉求在本质上高度契合。一个个精彩的故事和生动的事例彰显了共建“一带一路”是互利共赢的合作。第二届“一带一路”国际合作高峰论坛擘画了“一带一路”合作下一步发展的蓝图，将向高质量转型，将更加重视第三方市场合作，这些正是中欧合作的着力点。在共建“一带一路”的进程中，中欧合作将大有可为并将进一步提质升级。

"中国的发展给世界带来共赢"

唐国强，为中国前驻捷克和挪威大使，常驻维也纳联合国办事处代表，中国太平洋经济合作全国委员会前会长。

新中国建立 70 年来，外交工作不断创新和发展，国际地位实现了前所未有的提升。我 40 年的外交生涯有幸见证了这一点。

世界想了解中国的愿望从未停止

1983 年，我作为一名年轻外交官赴驻巴布亚新几内亚大使馆工作。当时令我印象深刻的是，巴新的大学生非常希望了解中国，于是巴新大学经常邀请中国大使馆的外交官去学校举办介绍中国的报告会。我曾几次去为当地学生介绍中国的政治、经济、历史、文化、教育等方方面面情况，学生们踊跃提问，表现出强烈想了解中国的愿望。

巴新大学校长向我大使馆提出想派学生到中国学习。但当时中国的改革开放才刚刚起步，提出类似要求的国家很多，中国的家底薄、能力有限，无法一一满足。而如今，中国政府每年向巴新青年提供政府奖学金，截至2018年底，中国已为巴新提供440余个政府奖学金名额。

2002年，我被任命为驻捷克大使。赴任不久，捷克总理泽曼卸任。2003年，他首次参加总统选举失利，便回家隐居，依旧密切关注国内外形势，思考如何更好地治国理政。泽曼邀请我去他的乡间别墅叙谈，我向他详细介绍了中国改革开放的情况。泽曼听完后说：“中国根据本国国情选择发展道路，是了不起的。正因如此，改革开放才能取得巨大成就。”他表示，今后如有机会，一定要努力推动捷中关系的发展。

2013年，泽曼当选捷克总统，把发展对华关系作为捷克外交优先方向之一。2014年他来华进行国事访问，2015年又来华出席中国人民抗日战争暨世界反法西斯战争胜利70周年纪念活动，是出席活动的唯一欧盟国家元首。泽曼力主捷克积极参加“一带一路”建设，并出席了2017年的“一带一路”国际合作高峰论坛。泽曼还为《习近平谈治国理政》捷文版撰写序言，他表示，中国已经发展成为世界经济中心，在当今全球和地区安全事务中发挥着巨大作用，“中国的发展给世界带来共赢”。他认为阅读习近平主席的这本书，是了解中国在当今世界中如何看待自身发展，并将如何影响世界的最好方式。

世界与中国合作的愿望越来越强烈

随着中国改革开放取得辉煌成就，中国的国际地位和影响力不断提升，国际社会期待中国承担更多的国际责任，越来越多地参与解决国际问题。

改革开放大大推进了中捷两国互利共赢的交流与合作。斯柯达公司是捷克的百年老牌汽车企业，1991年被德国大众收购后起死回生。凤凰涅槃的背后是中国的巨大市场。2005年上海大众与斯柯达签署战略合作协议，斯柯达通过技术转让和汽车零部件国产化方式在上海生产汽车，逐渐将中国打造成其最重要的海外市场。2017年斯柯达全球总销量约120万辆，中国市场占比27%。可以说，没有中国市场，就没有今天的斯柯达。

2005年，在大使馆的大力推动下，当时世界最大的LED电视生产商长虹集团，作为改革开放条件下中国企业“走出去”的典范，在捷克投资建厂，成为中国在捷克的第一个大型投资项目，促进了当地的经济发展和就业，也为中国企业“走出去”赢得了良好的口碑。

2006年起，我担任中国常驻联合国维也纳办事处代表，兼驻联合国工业发展组织和国际原子能机构的代表，亲历了中国与世界关系的历史性变化。其中一个明显的变化：联合国有关机构和国际组织希望加强与中国合作的愿望明显增多。例如，联合国工发组织总干事云盖拉向我建议，与中国合建“北京南南合作中心”，以借鉴中国的发展经验，在多边领域为南南合作作出新贡献。国际原子能机构总干事巴拉迪非常关注发展中国家的核电发展，多次向我提出，希望中国不仅要加快核电发展，而且要多帮助其他发展中国家从中受益。2008年，中国航天员首次完成空间出舱活动，此后联合国外空司司长就向我表示，希望中国能帮助发展中国家培养航天员。

在国际重大和热点问题上，各方都希望借重中国的力量，争取中国的支持。国际原子能机构讨论有关核问题时，各方均表示请中国代表先发言，首先要了解中国的立场。重要会议前，一些国家的代表都会约我交换意见，进行会前磋商。77国集团和不结盟运动在涉及自身利益的重大问题时，也都要寻求中国的支持。

2012 年起，我从外交岗位上退下来，担任了中国太平洋经济合作全国委员会会长和太平洋经济合作理事会双主席，出席了一些 APEC 的会议，亲眼看到，在规划亚太经济合作的未来方面，国际社会期待中国提出中国方案、发挥引领作用，感受到中国的国际影响力、感召力、塑造力的进一步提高。最显著的例子是，2014 年北京 APEC 会议通过了习近平主席关于亚太经济合作的一系列重要理念和倡议。与会各方表示，习近平主席提出的中国方案紧密结合亚太实际，既高度总结了中国改革开放的经验和亚太各国经济发展的经验，也高瞻远瞩地指明了地区经济发展的远景规划，符合亚太大家庭的根本利益。

中国科考为人类可持续发展不断作出贡献

2004 年，中国第一个北极科学考察站——黄河站，在北纬 78 度 55 分挪威斯匹次卑尔根群岛的新奥尔松正式落成。2008 年，我到挪威赴任后不久，就前往黄河站看望中国极地科考队员。

中国是北极事务的重要利益攸关方，北极的自然状况及其变化对中国的气候系统和生态环境有着直接的影响。同时，北极的气候变化和环境等跨区域和全球性问题也关系到人类的共同生存与发展。

上世纪 80 年代起，中国分别在南极大陆建立长城站和中山站，极地考察事业迈出了历史性一步。伴随着改革开放和国力增强，中国也在北极设立了考察站，从而使中国极地科考事业又迈出里程碑性的一步。

黄河站已经设立 4 个实验室，队员们正开展着高空、海洋、大气、冰川、生态、地质、大地测量等研究课题的野外基础调查工作，探讨学科之间的交叉与合作，了解其他科考站的研究项目，开展国际交流与合作。黄河站成了新奥尔松北极科研“国际家庭”中的一个新成员。

第二天，在极昼阳光里，我和中国科考队员在考察站营地举行了升旗仪式。看着徐徐升起的五星红旗，我坚信，随着日益走近世界舞台中央，中国将为人类的可持续发展作出更大贡献。

土耳其国父凯末尔

吴克明，外交部退休干部，曾任中国驻伊斯坦布尔总领事，驻土耳其大使，驻悉尼（大使衔）总领事等职。

穆斯塔法·凯末尔·阿塔图尔克，是土耳其民族英雄、共和国缔造者和首任总统，被土耳其人民称为“阿塔图尔克”，意为“土耳其国父”。在土耳其，不论你走到哪里，无论在城市乡村，在机关企业，到处可以看到凯末尔的塑像、画像或照片，凯末尔的语录无处不在。在土耳其国内，人民可以对任何一位国家领导人进行批评指责，甚至攻击谩骂，唯独不允许对国父凯末尔这样。在土耳其百姓眼里，凯末尔是一位大救星、大圣人。

凯末尔1881年生于现为希腊北方重镇的萨洛尼卡市，适逢盛极一时的奥斯曼帝国急剧走向没落，内外交困，濒临崩溃。凯末尔的父亲是一名公务员，在海关工作，有马其顿血缘；而其母亲的祖先来自阿尔巴尼亚，因此，凯末尔的长相具有保加利亚、阿尔巴尼亚人的特点，皮肤白皙，眼睛碧蓝，头发金黄，非常英俊，被称为“美男子”。凯末尔的家境并不富裕，其母生过6个孩子，其中2男2女先后夭折，凯末尔排行第四。

后来，其父辞去公职，经营木材生意，还贩过盐，家境逐渐好转。其父于47岁病故，当时凯末尔年仅7岁。少年的凯末尔有志于当兵。他进入小学后遭老师打罚，于是毅然退学，考进萨洛尼卡军事初级中学，在军校受教育13年。他回忆道：“当我穿上军装，感到浑身是劲。我成了自己的主人。”1898年，凯末尔以全班第二名的优异成绩从军事高中毕业，官衔为陆军少尉。翌年，被保送到在伊斯坦布尔的军事学院。他学习努力，勤于思考，思想开放，喜欢跳舞、喝酒，喝了酒更是才思横溢，诗兴大发，通宵不眠。这所军校出了不少民族抵抗运动的斗士，凯末尔的许多战友后来成了共和国的高级军政官员。凯末尔从军事学院毕业时为全年级第八名，升为中尉。1904年，他又毕业于参谋学院，为全年级第一名，升为上尉，被派往总部设在现土保（加利亚）边境省会埃迪尔内的奥斯曼帝国的军队任职。在那里，因秘密发行手抄的报纸而被捕，关押了10天，后被流放到奥斯曼帝国军队在贝鲁特的第五军团任职。在贝鲁特，凯末尔与一些志同道合者联络，发起成立“祖国和自由协会”组织，力图拯救命运多舛的祖国。他还到亚法、耶路撒冷、大马士革发展组织。后来，他开了病假条，回到故乡萨洛尼卡从事扩展组织的活动，成立了“祖国和自由协会”分会，积极开展革命活动。

1907年，凯末尔加入“团结与进步协会”，并出席了该协会于1909年举行的代表大会。1911年，凯末尔投身于的黎波里战争，在作战中屡建奇功，升为少校。巴尔干战争开始后，在1912年，凯末尔作为地中海、海峡部队作战部主任，在保卫达达尼尔海峡、收回埃迪尔内省中功勋卓著，升为少校团参谋长。

1913年，巴尔干战争结束，凯末尔被任命为土耳其驻保加利亚使馆武官。翌年，他升为中校。在索非亚，他风度翩翩，频频出席社交活动，深得保加利亚战争部部长女儿的喜爱。

1914年第一次世界大战爆发。凯末尔主动请缨，出任师长，与协约国在达达尼尔海峡开战，双方投入70万兵力，伤亡40万，最后，凯末尔率土军大败英军，拯救了奥斯曼帝国的首都伊斯坦布尔，奠定定了他丰功伟业的基础。当时一名英国记者说，英军什么都考虑到了，就是没有想到有个穆斯塔法·凯末尔。在战斗中，凯末尔被一颗子弹击中胸部，幸好有怀表挡着，使他免于受伤。奥斯曼帝国表彰他的赫赫战功，授予他“加齐”（英雄）的称号。从此，他的名字前冠有“加齐”两字。

1916年，凯末尔奉调到土耳其东南部迪亚尔巴克尔，升为准将，时年35岁。同年，他率16军团大战俄军，以寡敌众，收复不少失地。翌年，晋升为第二军团司令。1918年，他获准到维也纳治病，在那里阅读了法文版的《资本论》。

当时，英、德、意、希在土耳其角逐，凯末尔决心驱逐外国势力，争取祖国独立。在伊斯坦布尔，他看着耀武扬威的协约国舰队，气愤地说；“怎么来的，还怎么去!”

1919年5月19日，他来到条件艰苦的小亚细亚高原，抵达萨姆松，发表了著名的阿马西亚文件，吹响了民族独立战争的号角。这一天，后来被定为土耳其的“青年和体育节”。凯末尔与军、政各界广泛接触，号召人民团结起来，捍卫民族独立。行将灭亡的奥斯曼帝国政府下令召回他，被他拒绝。因此，他被开除公职。他干脆退出了军队，决心进行长期斗争，实现5个目标，即宣布成立共和国，推翻帝国王朝，废除妇女穿黑袍，禁止男子带小红帽，实行土耳其语字母拉丁化。

1919年7月，全国代表大会在埃尔祖鲁姆召开，凯末尔当选大会主席。会议进行了14天，决定反对外国占领和干涉；成立临时政府；立即召开国民议会会议；进行一系列改革，使土耳其成为文明国家。凯末尔率代表团在全国巡视，宣讲、落实上述决议。

1920年3月，英军占领伊斯坦布尔，具有400年历史的奥斯曼帝国寿终正寝。同年4月，土耳其大国民议会开会，一致通过土耳其大国民议会有权制定并执行新的法律，决定建立政府，凯末尔当选议长兼任总理，由他着手组建内阁，宣布伊斯坦布尔为安卡拉政府的一个省。年底，奥斯曼帝国的末代皇帝及其随行人员逃出皇宫，经马耳他、沙特到圣马力诺定居。

1921年，土耳其大国民议会通过共和国第一部宪法。凯末尔出任土耳其军队总司令，率土军击溃希腊军队，晋升为元帅。同年9月19日，土耳其大国民议会授予他“加齐”称号。1922年，凯末尔下令向希腊军队全线反攻，收复伊兹密尔，将希军逐出小亚细亚。

1923年7月，土耳其与英、法、德、俄、希等国签署洛桑条约，土希战争结束。8月，凯末尔创建人民党，并当选为该党主席。10月29日，大国民议会宣布废除帝制，建立土耳其共和国，凯末尔为首任总统。这一天，也就成了土耳其共和国的国庆日。

1924年，大国民议会修改宪法，取消哈利法制度，宣布土耳其为世俗国家；实行男女平等；重视发展教育；提倡科学；改革服饰；使用国际通用的公历，取消旧历；使用国际数字、时间，规定星期日，而不是星期五为公休日。1928年改革文字，土耳其语字母拉丁化。对外，土耳其努力改善与邻国的关系，使自己获得了和平的国际环境。凯末尔提出的名言“国内和平，世界和平”，被土耳其历届政府奉为内政外交的指导思想。

1931年，凯末尔再度当选为共和人民党主席。该党确定了6项原则：共和主义、民族主义、平民主义、国家主义、世俗主义、革命。凯末尔还推行了姓氏改革、称呼改革等一系列改革措施。

穆斯塔法·凯末尔·阿塔图尔克的一系列内政外交思想和实践，

一系列适应时代潮流的改革，被统称为“凯末尔主义”。由此，土耳其走上了现代化的发展道路。

凯末尔是个孝子。他的继父有4个孩子，凯末尔与这些跟他无血缘关系的兄弟姐妹相处融洽。1912年其继父去世。凯末尔的母亲祖贝黛夫人一直跟随凯末尔生活。凯末尔的婚姻并不圆满。他继父的侄女菲克利叶于1920年来到安卡拉，成了凯末尔的女管家和私人秘书。她比凯末尔小16岁，工作勤奋，对凯末尔体贴入微，关怀备至。她深深地爱着凯末尔。但她患有肺结核病，凯末尔及其母亲都认为这桩婚事不妥，于是送菲克利叶到瑞士疗养。

凯末尔在伊兹密尔认识了用作司令部的别墅主人的女儿——19岁的拉蒂菲，她曾侨居法国，留学英国，十分仰慕土耳其民族英雄凯末尔而从国外回来。凯末尔对这位大家闺秀一见钟情。两人与1923年1月结婚。菲克利叶从瑞士报纸上得知凯末尔结婚的消息，心急如焚，未经国内允许匆匆返回土耳其。对此，凯末尔很生气，严厉地批评了她。她多次致信凯末尔，要求回总统府工作未获同意。1924年底，她来到总统府要求会见总统夫妇，被卫兵拒之门外。菲克利叶感到万分羞辱，在极度伤心中返回居住的旅馆饮弹自尽。对此，凯末尔非常伤心和懊悔。婚后的凯末尔忙于国务，日理万机，无暇顾家，拉蒂菲感到十分孤独。总统经常与军政领导人商讨国事到深夜，使拉蒂菲尤为不满，她故意找茬发泄和捣乱，时常在深夜用鞋跟敲地板以示抗议。一次，在陪总统出巡时，在火车上她装病要求紧急停车就医，以此试探丈夫对她的感情。凯末尔对妻子的无理取闹忍无可忍，给总理伊诺努修书一封，表示要与拉蒂菲离婚。拉蒂菲要求破镜重圆未果，只身去伊斯坦布尔定居，没有再婚，于1975年去世。凯末尔总统也没有再娶。他喜欢孩子，认了几个养女。

凯末尔注意仪表，衣着讲究；爱喝咖啡，每天15杯；酷爱土耳其的茴香酒；也喜欢抽烟，每天 3 包。1938 年 11 月 10 日，因肝病逝世。土耳其全国举行国葬 7 天，17 个国家派了特使参加葬礼。其灵柩现安葬在安卡拉于 1953 年竣工的阿塔图尔克陵墓。

一带一路上的珍珠——汤加

胡业顺，男，1952 年出生，祖籍山东，大学文化。1970 年黑龙江生产建设兵团战士，1972 年 8 月进入中华人民共和国外交部工作，先后担任外交部办公厅职员，中华人民共和国驻马耳他共和国大使馆随员，驻多哥共和国大使馆随员，驻墨西哥合众国大使馆三等秘书，外交部办公厅、美洲大洋洲司二等秘书，驻美国旧金山总领事馆领事，河北省保定市徐水县挂职，任县委副书记，外交部美洲大洋洲司参赞，中国驻加拿大大使馆政务参赞，驻美国休斯顿总领事馆总领事，2005 年任中国驻汤加王国大使，2010 年任中国驻拉脱维亚共和国大使。2013 年退休。

习近平主席发出“一带一路”倡议五年多来，在共商、共建、共享原则指导下，受到了世界各国广泛响应和积极参与，促进了各国间的经贸关系长足发展和全面合作关系的不断深化。习主席提出的构筑人类命运共同体的宏伟蓝图受到世界各国越来越广泛的认同。汤加作为南太地区历史悠久、文化独特的南半球岛国，为“一带一路”发展的良好愿景所吸引，希望乘“一带一路”东风，推动国家经济不断发展，人民生活不断提高。

汤加位于太平洋西南部，西距斐济650千米，南距新西兰1770千米，最北端的瓦瓦乌群岛距离赤道不远（南纬15－23）。汤加塔布、哈派、瓦瓦乌三大群岛陆地面积共747平方公里，水域面积25.9万平方公里，是一块仍保有原始生态的天然韵味、没有现代化弊端的绿洲，犹如一串洒落于大洋之中的珍珠项链。汤加是当今世界唯一存续的波利尼西亚王国，较好地传承了波利尼西亚文明。全国共有173个岛屿，其中36个有人居住。岛内总人口不到11万，但持汤加护照的汤籍公民近30万，这种局面在很大程度上得益于汤加政府对服务贸易的一贯重视。旅汤华人华侨有近2000人。

汤加国情指要

汤加为君主立宪国家，现任国王为图普六世。陶法阿豪·图普王朝建立于1845年，已传承一百七十多年。汤加是英联邦成员国，国体、政体、司法体系与英国相似。根据史考，3000年前波利尼西亚人即到此岛定居。1000年前建立汤加王国，由图伊汤加和王后共同治理；1610年图伊·卡诺库柏鲁建立了第二个王朝；第三个王朝菲诺王朝与陶法阿豪王朝的交替史书着墨甚少，仅记载菲诺国王与西方探险家之间的酬酢与争斗等几个重大事件。1773－1777年英国探险家詹姆斯·库克船长等几次登陆汤加，得到充分补给，受到到访之岛民众的友好接待，库克称之为“友谊群岛”。1799－1852年汤三大家族（即统治三大群岛的大贵族）争夺王位，战事连年。1845年乔治·图普一世登基，三岛归于一统，图普王朝统治正式确立。1900年汤加成为英国保护国（汤加国王作为英王代表，继续统治汤加，实为汤人治汤，英王不派总督，汤加人也因此自矜：汤从未被殖民过）。1970年6月4日汤家正式成为独立的主权国家。汤加宪法于1975年颁布，内阁、立法、司法三权分立。政府由内阁、立法会、司法机构组成。2010年修宪，国王让渡国家行政管理大权和大部人事权，原最高权力机构枢密院架空，成为国王的个人咨询机构。议会由26名议员组成，贵族9人，平民17人。首相由议会选举产生，国王任命；内阁大臣由首相提名，国王任命；首相可提名4名非议员大臣。由此汤家政出内阁。

汤加经济

汤加经济的三大支柱是农业、渔业和旅游业。工业规模小，技术含量低，多为日用轻工产品，无重工业。总体经济发展水平落后，外援成为汤家经济不可或缺的一部分。农业作物品种单调，经济价值较低。主要是芋头、木薯、南瓜等传统农作物。大米、面粉、肉类、细菜和温带水果均依赖进口。然而农业从业人口占40%左右，由此可见汤家农业现代化道路任重道远。汤海域辽阔，渔业资源相对丰富，特别是金枪鱼等名贵水产是其出口创汇的拳果品。但近年来由于过度捕捞及气候原因，渔业资源不断缩减，占GDP比重也在下降，仅3%左右。旅游业一直是汤政府大力扶持的产业，被视为增加就业赚汇创收的新经济增长点。作为世界硕果仅存的波利尼西亚王国，不仅较好的传承了波利尼西亚文明、也有独特的文化积淀和天然、纯美的自然风光。汤处于日界线西侧，是地球上第一个看到日出的国家。汤海岸的喷潮洞亦是难得一见的自然奇观，风高浪急之时，由珊瑚礁孔中喷出的水柱呼啸升空，可高达30米左右，迎着阳光看去，形成一道道彩虹，甚是壮观。而波利尼西亚美食也别具特色，精美的各色海味可令饕餮者大快朵颐。汤旅游潜力有待多辟蹊径大力开发。汤是中国公民旅游目的地国，又推出了对华30天免签证待遇，两国在旅游领域合作将大有可为。

汤加的风俗民情

说到汤加的风俗，浮现在人们脑海里的可能是以胖为美、腰系草裙（汤加语称女式草裙为Gigi，男式草裙为Tahavala）翩翩起舞的岛民身影。其实现代汤加人的审美观和健康观念已发生颠覆性变化。虽然身上涂擦椰油、头插鲜花、身系草裙的曼妙舞姿仍然时常见诸于洁白的沙滩或鲜嫩的绿茵，且重大活动每每舞蹈先行，而饮卡瓦酒更是盛大仪式必不可少程序（据说，远古时候，汤王巡视诸岛，一岛主以女儿卡瓦之肉做成御膳以奉汤王，汤王肯定了岛主的热诚，但拒食卡瓦之肉，命将卡瓦埋葬。而埋葬之地长出了一种植物，即命名为卡瓦，其根茎可做酒。遂有今日逢盛典必饮卡瓦酒之习俗）。但是汤加人民已清醒地认识到：其生活习惯和饮食结构给其带来了严重的健康问题，即糖尿病高发，约占总人口的18%。有条件的家庭已努力改变饮食结构，不再以木薯、芋头、薯类等高淀粉食物为主食，并在华侨华人的引导、帮助下，大量种植、食用蔬菜，逐步丰富了餐桌食物构成，在吃出健康方面取得了一定成效。汤加人民朴实、勇敢、勤劳。女士吃苦耐劳、勤于治家，男士孔武有力、勤于学习、勇于任事。因此汤加在服务贸易方面拥有比较优势，在美、澳、新西兰等国的橄榄球队中不乏汤加青年的身影。汤加社会现在仍分为三个阶层：王室、贵族、平民，三个阶层拥有各自使用的三种语汇。昔日汤加王室之威严与我国古代帝王相比毫不逊色。汤加勇士也曾以征战南太、域内闻名。居民多信奉宗教，红白喜事风俗迥异于我国。不少坟墓与家人居室同处一院。红白喜事人们穿着的草裙也清楚地表明其地位的尊下和关系的亲疏，草裙已是波利尼西亚文化中必不可少物质象征。汤加人的财产观念还带有某些原始共产主义的色彩，大家庭内财产共享，不分是长房所赚还是二房所得，有福同享、甘苦与共。汤加人很自豪其国内没有孤儿。然而，汤长者谈起汤三、四十年前的风俗，常感叹人心不古，怀念以前路不拾遗、夜不闭户的岁月。汤侨汇居世界第二位，仅次于非洲的莱索托，是国民经济的一大块（年人均近1000美元，由此可见其家庭组带之强）。汤国就业无性别歧视，社会比较开放、包容，接受同性恋。汤人均收入并不算高（人均GDP5000美元左右），但幸福指数却位居世界前列。

中汤关系

1998年11月两国建交后，双边关系得到顺利发展，两国在政治、经济、文化、教育、军事等领域的合作不断深化，双方高层交往不断，两国在国际事务和共同参与的国际机构中加强合作、相互支持，共同维护发展中国家的利益。中国政府向汤加国计民生领域提供了力所能及的援助，特别是为汤加教育事业的发展、公共设施改造与基础设施重建提供了必要的帮助。

2006年11月，汤宪政改革前期，议会两派对修宪方案僵持不下，议会厅外示威群体失控，发生纵火焚烧国王和首相产业，继而抢、烧华商店铺的大规模社会骚乱。我大使馆也成为暴徒攻击的目标。应我要求，汤外交兼国防大臣即派兵驱散暴徒、并划定戒严区以保卫使馆安全。然而进入使馆避难的400余名华侨华人的生活与安全撤离成为极其紧迫的问题。在外交部与有关部门积极协调与运作下，我国政府派出包机接运侨胞回国。其间汤时任首相塞维莱、皮洛莱乌公主、外交大臣等高官亲赴使馆慰问、捐送食品，并为我侨胞的安全撤离做出了军警全程护送的特殊安排，最终经斐济的南迪撤离193名老、幼、病、妇侨民。这场骚乱导致汤经济当年损失GDP20%。此次撤侨行动得以安全、顺利实施离不开汤加政府的全力配合。这是我国大小国家一律平等、相互尊重、互惠互利、共谋发展政策赢得了真诚友谊的生动体现。如今汤政府对“一带一路”持积极态度，赞赏中方推进人类命运共同体建设的重要主张，双方在环保、经济全球化、全球治理等方面合作空间很大。

汤加在国际事务、特别是南太地区事务中比较活跃，支持澳新美军事联盟，支持美在南太平洋地区发挥主导作用。与澳新传统关系深厚，盘根错节。且两国多年来一直是汤最大援助国，对汤内外政策的影响时隐时现，随处可见。英曾是汤宗主国，两国传统关系稳固、平实。与爱尔兰、法国关系较之与其他欧盟国家更为密切。

丝绸之路经济带上的一颗璀璨明珠土库曼斯坦

殷松龄，男，1996年生，1958年毕业于北京俄语学院（现北京外国语大学），同年进入外交部工作，曾任翻译室副处长。1980年至1984年10月任中国驻前苏联大使馆一秘、领事部主任。1988年起历任中国驻伊朗大使馆参赞、驻塔吉克斯坦大使馆参赞、中国驻土库曼斯坦大使。现任国务院发展研究中心欧亚社会发展研究所特约研究员、中国中亚友好协会顾问。

一

在习近平主席倡导的丝绸之路经济带上，有一颗璀璨的明珠，那就是土库曼斯坦。我曾在1996年至1998年期间任中国驻土库曼斯坦大使，退休后又应邀在国务院发展研究中心欧亚社会发展研究所任特约研究员，继续关注中亚问题。十几年来我同土库曼斯坦历任驻华大使保持着非常友好的联系。因而，对土库曼斯坦和土勤劳勇敢的人民怀有深厚的感情。

土库曼斯坦是一个历史悠久，拥有灿烂文明的国家，曾对人类社会发展做出过重要贡献。自独立以来，土根据民族特点选择了正确的发展道路，坚持积极中立，同世界上所有国家发展友好关系，努力促进地区的和平、稳定和发展。首都阿什哈巴德多次成为各种地区和国际和平会议的召集地，曾为调解塔吉克斯坦和阿富汗的冲突做出过贡献，赢得了国际社会的赞扬和尊重。所以《联合国中亚地区预防外交中心》在首都阿什哈巴德建立不是偶然的。我为土国际地位的日益提高感到由衷的高兴。

我敬佩土库曼斯坦奉行的中立和平的外交政策，1995 年第 50 届联大一致通过决议赋予土永久中立国地位。这是世界上第一个由联合国大会通过决议承认的中立国，可谓“独一无二”。别尔德穆哈梅多夫就任总统以来，在坚持中立原则基础上实行开放政策，开展全方位和灵活务实的对外交往，积极参与国际和地区事务，为通过和平手段调解国际争端和地区的和平、安全、稳定做出了贡献。每年的 12 月 12 日为土中立节，这是仅次于独立日的第二个全国的盛大节日。我曾于 2000 年和 2010 年赴土库曼斯坦参加了土为庆祝中立 5 周年和 15 周年举行的庆典和国际研讨会。会上土库曼斯坦和各国的专家和学者高度评价土中立政策在促进地区和平与安全方面发挥的作用和经验。我也再次亲自感受到土永久中立政策的英明和远见。

二

中国和土库曼斯坦人民的友好交往和传统友谊源远流长。两千多年前著名的“丝绸之路”就将两国人民联系在一起。土库曼斯坦独立以来两国关系进入了新的历史时期。特别是别尔德穆哈梅多夫总统坚持对华友好，高度重视土中友好合作关系，认为土中关系已经成为欧亚大陆国家间关系的典范。别尔德穆哈梅多夫总统 5 次来华访问，同我国领导人建立起十分亲密和高水平的互信关系。

我有幸参加了2011年11月接待别尔德穆哈梅多夫总统访华的一系列活动。在这次具有历史意义的访问中两国领导人在亲切友好的气氛中就双边关系、地区形势和共同关心的国际问题，深入交换了意见，达成广泛共识。访问期间举行了别尔德穆哈梅多夫总统三部著作中文版首发式，中土两国艺术家联合举办中土友谊歌舞晚会，中土商务论坛等活动。访问取得园满成功，使两国互利合作关系达到新的水平。

2013年9月习近平主席出访中亚，首先访问了土库曼斯坦，将双边关系提升为战略伙伴关系，而且正如习主席所讲：“中土是真正意义上的战略伙伴……中国将永远做土库曼斯坦的好朋友、好伙伴、好兄弟。”我至今仍为习主席访土时所受到的最热情友好的接待，10万人夹道欢迎的盛况感到欢欣鼓舞。两位领导人在长达9个多小时的交流中深化了亲密友谊和高度信任。双方签署了一系列合作协议，开辟了两国关系的新纪元。

在双方的共同努力下，中土在能源、经贸、通讯、安全、人文等领域的互利合作蓬勃发展。中国是土库曼斯坦第一大贸易伙伴，特别值得提到的是中土能源合作。我们用了两年多的时间就建成了中国——中亚天然气管线，全长1833公里，是我国历史上第一条跨境输气管道，也是目前世界上最长的天然气管道。现在已有了A、B、C三条天然气管线。这是世界能源合作的典范和中土人民友谊的结晶。中土优势互补，双方是长期、稳定、牢靠的能源战略伙伴。

三

习近平主席在访问中亚期间提出了共同建设“丝绸之路经济带”的战略构想。丝绸之路沿线国家要实现政策构通、道路联通、贸易畅通、货币流通、民心相通。这一创新合作模式顺应地区各国加强区域合作、实现民族复兴、互利共赢的共同愿望，得到丝绸之路国家的积极支持。

2013 年 3 月，我有幸应邀出席了土库曼斯坦外交部举办的《丝绸之路外交：从历史到未来》的国际科学研讨会，并在会上做了“土库曼斯坦在复兴丝绸之路中的作用”的发言。我认为土库曼斯坦位于丝绸之路的中央地带，有利的地理位置和积极中立的政策将使土在复兴丝绸之路的事业中发挥非常重要的作用。丝绸之路沿线国家通过加强互利合作，将达到共同发展和繁荣。

习近平主席关于建设丝绸之路经济带的构想同土总统别尔德穆哈梅多夫关于在新的历史时期复兴丝绸之路的倡议是遥相呼应的。丝绸之路经济带覆盖欧亚大陆广大地区，是一个长远的方向，要同有关国家平等协商共同行动，将政治、地缘、经济互补优势转化为务实合作优势，在和平、友好、开放、包容的基础上打造互利共赢的利益共同体，造福于有关各国人民。中国——中亚天然气管道就是建立利益共同体方面的一个典范。

四

建设丝绸之路经济带也包括了文明的互鉴。土库曼人民在几千年的历史进程中创造了伟大的民族文化，曾对东西方文明的交流发挥过重要作用。著名诗人和思想家马赫图姆库里的诗歌，反映了土库曼人民生活中的每一个侧面，充满深刻的哲理，成为人们遵循的道德规范，是土库曼斯坦建国的思想基础和制订基本方针的依据，也是土库曼人民对世界文化的独有贡献。正如土总统别尔德穆哈梅多夫所指出的那样，“这位天才诗人的杰出思想已经变成全人类最宝贵的精神价值观”。因此，马赫图姆库里属于全人类。

在马赫图姆库里诞生 290 周年之际，土总统做出在友好国家举办庆祝活动的决定，意义重大。在中国这一活动开展的十分隆重和园满成功。这里要特别提到现任驻中国大使奇娜尔·鲁斯塔莫娃，她事前做了充分的准备。土代表团和艺术家到京后于2014年3月10日至15日在中国人民对外友好协会举行了纪念伟大诗人和思想家马赫图姆库里诞生290周年圆桌会议，中国中亚友好协会张德广会长等出席并讲话；土大使举行了盛大招待会，在中央民族大学举行了马赫图姆库里诗集土库曼文和中文版首发式，中央民族大学校长陈理等出席并讲话，举办了土中艺术家联欢晚会等。所有上述活动都是高水平的。鲁斯塔莫娃大使和土科学院马赫图姆库里语言文学院院长先后讲话介绍马赫图姆库里的事迹，艺术家表演了精彩节目。一系列的纪念活动大大增进了中土两国人民的传统友谊，让越来越多的中国人了解土库曼斯坦和马赫图姆库里的荣耀。

鲁斯塔莫娃大使赴任以来，积极开展工作，善于交朋友，在与她接触的人中间留下深刻印象，她为土中友好关系的发展倾注了自己全部的心血。我为有她这样的朋友——称职的大使感到荣幸。

五

2014年5月11日至14日，土库曼斯坦总统别尔德穆哈梅多夫对我国进行了国事访问。双方签署了《中土友好合作条约》，将两国关系发展的原则和方向以法律形式固定下来，制订了2014——2018年《中土战略伙伴关系发展规划》。习近平主席强调中土是彼此信赖和相互支持的战略伙伴。访问期间双方签署了天然气、农业、交通、金融、文化、建立友好城市等16项协议。在“一带一路”的大背景下，中国与土库曼斯坦政治互信加强，互利合作扩大，民心相通加深，两国关系进入了大合作、大发展的新时期。

中法友谊见证：龙的重生

张国斌，中国前驻法国斯特拉斯堡总领事，察哈尔学会副理事长，礼宾礼仪文化专业委员会高级顾问，中国人权研究会常务理事。

我叫 Marine（玛热娜），我的爸爸是酿酒师，他的爸爸妈妈、爷爷奶奶也是酿酒师，我和弟弟将来也许是第十代打理这些葡萄的人。我生活在法国阿尔萨斯的孚日山脚下，每天清晨，当甜甜的味道唤醒我时，我知道，肯定是爸爸在酒窖里开始工作了。

我叫方政，是一名诗人。南京阴冷的寒冬，让我最近总是回忆起十几年前的冬天。那时候的天气也许是比现在更冷的，但总有欢快的事驱赶寒冷。比如元宵节庆里舞动着的柴龙，大家奔跑着，追逐着，期盼着来年的好福气。是时候让我不满一岁的小孙子感受一下十几年前的“暖冬”了。

缘　起

斯特拉斯堡副市长与张总领事出席活动

2012 年，我就任中国驻斯特拉斯堡总领事。在任期间，如何加强斯特拉斯堡与国内的联系是我一直在考虑的问题。推动中法友好城市建立、为华侨创立企业奔走联系、为留学生解决难题……我尽力从多个方面做好工作。

但是中法两国毕竟相隔万里，文化背景相异，虽然在官方层面上活动频繁，但是在民间层面上还缺乏了解，这也是当时斯特拉斯堡的副市长格赛尔苦恼的问题。兼任旅游局长的她曾多次跟我提到，尽管每年为吸引中国游客投入大量宣传费，但总是收效甚微。南京与斯特拉斯堡是友好城市，南京市副市长在听闻我传达的斯特拉斯堡副市长的意思后，也很希望两个城市能够共同合作推动旅游。

“中国春节在斯堡”活动上展出的云锦

双方的官方意愿已经很明确了，但是苦于缺少契机与合适的渠道。我们从多个角度进行了尝试，包括举办“中国春节在斯堡”、邀请国内文艺演出团体来访等活动。在“中国春节在斯堡”的活动中，带有东方特色的灯笼、剪纸、编织等民间手工艺品不断吸引行人驻足，烟花绽放的那刻，一些激动的法国人频频向中国人用中文问好。

这次成功的尝试再次让我感受到文化是最好的纽带。南京与斯特拉斯堡有什么相同之处吗？能不能把这种相同之处通过某种形式反映出来？这些想法在多方力量的支持下终于有望成为现实。

发　掘

玛热娜家有一种葡萄酒非常出名，汁液鲜红而香醇。从开始制作，到现在已经传承了九代。

葡萄酒的秘密藏在很久之前的一个传说里。浮日山上的一条龙因为太累搁浅在了山坡上。它真的很累，累得躺下就睡着了。猛烈的阳光曝晒在身上，很快就把它晒化了。龙的血液顺着山脊流到了山脚下的葡萄园。从此，一种名为“龙之血”的葡萄酒诞生了。玛热娜家就是世代酿造“龙之血”的家庭之一，龙的图标在酒窖里随处可见。

玛热娜一家在装饰圣诞餐桌

对于想要找到文化共通点的我们来说，阿尔萨斯和南京一下子接近了。自称为“龙的故乡”的中国，从来不缺少对龙的传说与膜拜。尤其是在南京，还有具有地方特色的“柴龙”传说。

西晋灭亡后，琅琊王司马睿在王导的辅佐下，在建康（南京）建立了东晋。然而，此后80余年中竟有30多次的大旱，不堪其苦的百姓举行了各种求雨仪式。传说东海龙王的太子不忍百姓受苦，擅自降雨。但因违背天令而受到了残酷的刑罚，被斩杀成数段从天上抛下。百姓们感念龙太子恩德，用板凳将龙身接连，再抬起来行走，期望能够使龙太子复活。

后来渐渐演化为元宵节当天的祈福活动，人们通过舞龙来祈祷纳福。因出资给百姓接龙的是一个姓柴的大户人家，因此这个习俗得名“柴龙”，又因其造型为板凳相连，故也称为“板凳龙”。江乘周围的许多地名，如龙王山、白龙山、乌龙山、青龙山、黄龙山、龙潭镇、龙坞等都可以寻得此种渊源。

南京地区特有的“柴龙”

“柴龙”与我们看到的布龙不同，它是用竹篾和防风纸糊成，长约15米，龙头由彩纸糊成，眼睛嘴巴由各种图案的红色剪纸构成，胡须则是白色飘带，两侧还贴有“国泰民安”、“风调雨顺”的对联。每当夜幕降临时，点上蜡烛，就如同火龙游动，在冬夜里更为灵动。

当时斯特拉斯堡正在举办中法交流活动，《南京日报》记者申赋渔也在这里进行采访，我们在沟通中都认为“龙”是一个很好的线索和素材，可以拍一部纪录片，通过将两地“龙”这个元素连接起来，展开更深入的发掘和融合，对于双方的旅游、教育都是一个有益的尝试，可以说我们的想法不谋而合。

确定了基本方向，拍纪录片的想法就进入了实操阶段，我们各司其职。申赋渔先生积极奔走，为搜集素材而往返中法之间，很快就写好了剧本。接下来，申赋渔担任总导演，一边和政府接口，一边对接相关人员，逐步落实这项活动的资金、技术等方面内容。我则是同南京市政府和斯特拉斯堡政府分别进行联系，争取到政府的支持。

用竹篾编织的柴龙

然而，这项民间活动已经消失很久了，浸没在了久远的历史里。柴龙可以重现昔日风采吗？这个答案我们都想知道。

这是一个关于寻找文化记忆的故事；这是一个探寻中法文化共通点的过程；这也是一个异域文化碰撞产生激情的时刻。通过《龙的重生》，我们再度拾起传统习俗，在交流中审视中法文化的“美美与共”。

寻 访

触目所及，高楼林立，车来车往，琳琅满目的商店招牌比邻而立，只有街头三三两两沐浴阳光的老人聚集闲谈，似乎可以告诉你，这儿曾经是一个带着泥土味的小村庄。

柴龙的故乡在南京栖霞的西湖村。西湖村原称江乘，是古金陵邑的一部分。秦始皇曾从此处渡江北上，因惧怕金陵的王气之说威胁统治，便索性把金陵一分为二，改为秣陵、江乘两县。不过五百年后，晋元帝司马睿还是从此地“黄袍加身”，并设置南琅琊郡，安置“衣冠南渡”的北方仕族百姓。

民间艺术者在制作柴龙

江乘虽不说钟灵毓秀，却也是人杰地灵，出了很多书法家，比如：善草书的王敬弘、擅行草书的王昙首、楷行草隶无不高妙的大书法家王僧虔等人。柴龙的制作过程便可以体现这种文化底蕴，除了要有手指巧妙灵活的篾匠，描金绘彩的画家，还需要有善书的、剪纸的、糊纸的，当然还需要木匠、铁匠等的加入。如今，随着发展，乡村已经变成了城市的一部分，这些手艺人也渐渐散落在城市的各个角落。

我们想要重现柴龙的想法与诗人方政一拍即合，他想通过这个活动为他的孙子插烛祈福。他找到了对当地民俗文化比较了解的老校长朱礼良，81 岁的老人仍然精神抖擞地在青石板上写书法。他们共同开启了寻访之旅。

唯一会扎柴龙的杨昌友老人已经 65 岁了，他居住在城里，享受着一般老人的生活。每天听听戏曲，到花鸟市场逛一逛。当方政找到他的时候，他正在公园里下象棋。

剪纸艺人也在城里，他住在甘家大院附近，靠着自己的手艺开了间工作室，小小的摊子上挂满了他的作品。

舞“柴龙”的演练过程

画家住在昆剧院的隔壁，谈起画柴龙，他似乎还有点茫然。

这些老人们聚在一起，回忆着过去，他们想念过去，但对于能不能恢复这项活动还有一些忧虑。现在的年轻人不知道它，也没有兴趣。现在有的只是这些老人们的激情和心愿。

重 生

2013年的春节，两条柴龙从栖霞的东阳村一跃而起，锣鼓唢呐齐奏，村民们簇拥着柴龙向前舞去。小小的村庄里，一万余人参与了这场盛大的欢庆。小孩子们在人流里穿梭，看着闪着烛光的柴龙在冬夜里婉转移动，成人的激动之情也不输儿童。

从东阳村到台城，再到摄山星城，舞动的柴龙走过了明孝陵、新街口、夫子庙、秦淮河，从乡村走进城市，从历史走向现实。元宵节庆的那天，35000人围绕着柴龙表达自己的欣喜与狂热。

柴龙舞在台城上

很多人不知道的是，从年前开始，杨昌友就没停歇过，一直在忙着扎龙。消失了十几年的柴龙重新舞动在了这片土地上，1700年的历史再次延续，离不开这些怀着激情的付出者。

盛况之后，前后操劳一个月之久的人们欢聚一堂，分享着彼此的喜悦。谈及此次活动，都觉得完成了一件很重要的大事。“久违的元宵节老味道又回来了。”新闻报道里的杨昌友感慨万分，并提及他的新年愿望就是能收几个徒弟，把自己的这门扎龙手艺传下去。“老东西不传下去，可惜了。”

碰 撞

“头似驼，角似鹿，眼似兔，耳似牛，项似蛇，腹似蜃，鳞似鲤，爪似鹰，掌似虎。”这是中国文化中对龙形象的描写，罗贯中在《三国演义》中还提到“龙能大能小，能升能隐；大则兴云吐雾，小则隐介藏形。”我们赋予了龙神灵、幸福的色彩，并且自称为“龙的传人”。阿尔萨斯大区浮日山脚下的龙却是生有双翼，能喷火。

在形象上，中法的龙大相径庭，但两者的的共通点在于都代表了一种精神——龙是力量的象征。“在通常的各种作品中，西方往往被描述为发现者，东方文化总是被发现者，但这部纪录片改变了这种逻辑，两方文化是相互发现的”，这是原国家新闻出版广电总局研修学院院长李革华对《龙的重生》评价，虽然远隔万里，但是中法文化在这种碰撞中找到了共鸣。

忽然想起，拍摄前期，中方团队带去了摄影师，但当时法方建议用法国摄影师来拍，想要从法国人的角度找到他们的风格和灵感。当这位原本按小时计费的著名法国摄影师，看到中国人舞龙时的欢饮雀跃后，说："我现在才知道，龙对于中国人多么神奇，多么重要。龙是存在的，它在每个中国人的心里。因为龙，他们每个人都密切相关，他们都联系到一起了，成为一个巨大的整体。"

最后他决定不要任何报酬来拍摄这部纪录片。这不正是文化碰撞后产生的火花吗？

后 续

这次拍纪录片，是一个齐心协力、众志成城的过程。当拍纪录片的想法刚出世的时候，《南京日报》记者申赋渔积极地联系我，撰写好剧本，并往返中法两国多次，落实资金、人力等各方面的需要，为纪录片拍摄做了充实的准备和悉心的指导，是积极的践行者和倡导者。法国的摄影师也是全程倾情相助，不到一年就完成了全部工作。还有许多许多人，他们的努力共同造就了《龙的重生》。

政府方面也是非常地支持，南京市政府经研究之后决定出资100万。斯特拉斯堡的副市长立即回应，由于制度和财政问题，不能立

即申请到财政款项，但为了能够尽快进行拍摄，愿意在车、人、物方面提供协助。

2013 年 3 月 28 日，在斯特拉斯堡市中心的莫扎特大厅，由中国南京和法国斯特拉斯堡两个友好城市联合摄制的双城人文纪录片《龙的重生》首映式隆重举行。除了双方的领导出席之外，还邀请了当地法国各界友好人士、华人华侨和留学生代表等人。

与首映式一同进行的还有书画展活动。南京的艺术家们为此次活动专门创作了有关龙的书法、国画、剪纸、金箔、折扇等艺术品，阿尔萨斯孔子学院法国学员也为此活动尽情挥洒，创作了很多书画作品，这也算是一种成功的学习反馈吧。

纪录片在法国及国内的各大电视台进行了播放，许多媒体也纷纷进行报道。让我感到最开心的是，这部纪录片让更多的中国人了解到法国人，也让更多的法国人感受到中国文化。之后双方的交往进一步升温，旅游活动也如火如荼地开展起来，我想这正是我们最初所盼望的吧！

开幕式即景

探秘留尼汪——故土难离，海外华人成长记

张国斌，中国前驻法国斯特拉斯堡总领事，察哈尔学会副理事长，礼宾礼仪文化专业委员会高级顾问，中国人权研究会常务理事。

对于大海，他并不陌生，从走出门的那刻，就决定了要穿过南海，跃过大洋，奔赴远方。不过眼前的这片海很不一样，它没有往昔的深邃壮阔，也没有急骤的狂风暴雨，它只是很蓝，很干净，还有很多从未见过的鱼群在水底摇摆，和着炽热的风，他感到有点孤寂。

家肯定在很远很远的地方了，他说不上来有多远，但这艘呜呜作响的蒸汽船已在海上航行近四个月了。期间经过了西贡、新加坡、马来西亚，现在抵达了毛里求斯，距离终点留尼汪，他们还需要等

待几星期换乘帆船。

这是1927年的场景，15岁的霍长仪与他的广东老乡，来到了留尼汪，成为第一代华人。他们有一个共同的目的：挣钱致富，回家立业。这种渴望使他们踏上了远航的路途，从此故乡只在梦中。

一无所有，靠双手努力的“打工仔”面对的是“手停口停”的现实，不工作就没有吃的。霍长仪和很多新来的人一样在商店里做伙计。早上四点起床，晚上十点以后入睡，工作的时候跑前跑后，几乎脚不沾地。365天，只有春节那天可以小小地休息一下。

“日出而作，日落而息，凿井而饮，耕地而食”，这首两千多年前的古诗复刻了留尼汪第一代华人的生活状况。致富归家的渴望驱使着他们从夜幕中起身，为明天的口粮奔波。

时隔9年后，霍长仪终于攒够了一定的积蓄，回到了故乡。但眼前的故乡和离开时没有太多的变化，经济萧条，战乱频仍，他只好再度选择了离开，这次一起离开的还有新婚的妻子。他向妻子保证，赚钱以后，一定要回国自己开店当老板。

房屋摆设仍保持中式风格

1949年，霍长仪终于实现了自己的夙愿，实现了经济上的独立。做了20多年伙计，一朝转变为大批发商，成为岛上500家中国商店的供货人之一。每每向子女讲起当初的经历时，霍长仪都不忘告诫他们：“自己的腿没劲儿就站不起来”。

华人店铺的今与昔

是啊，初来乍到的华人只能通过自己的辛勤劳作站起来。最早到留尼汪的中国人俗称“卖猪仔”，做苦力工人，听不懂也不会说法语，只有横下一条心，勤勤恳恳地工作。过了今天就没明天的日子，使他们意识到“宁多剩一日钱，强过多剩一日命”。大家普遍地以给人做工积蓄资本、开店，可谓白手创业。

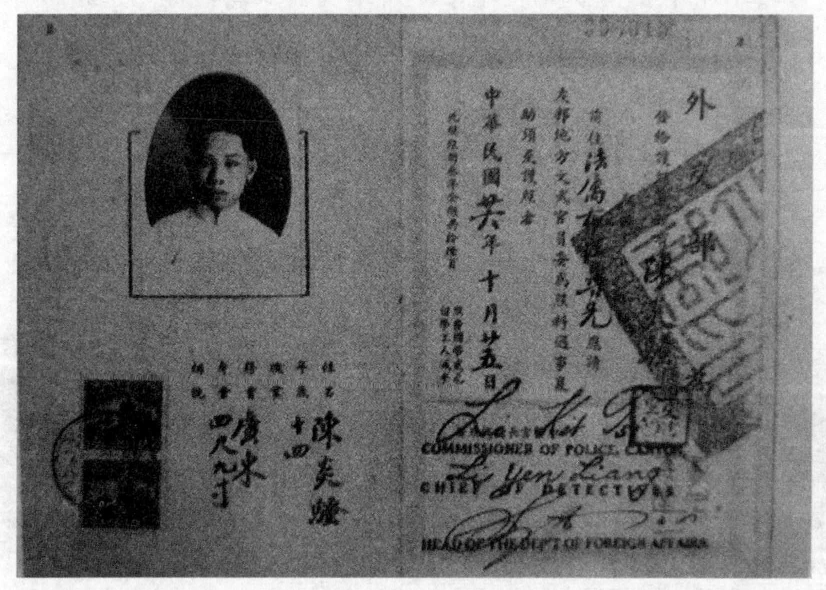

二战前来岛华人护照

除了繁重的工作以外，华人们还随时都可能遭遇盘查。作为法属殖民地，留尼汪的外国居民必须每年更新居留证。尤其是中国人，必须处处小心，稍有差错都会受到严厉的处罚，一旦政府拒绝颁发居留证，他们将在七天内被遣送回国。

战战兢兢地辛勤工作希望的是有朝一日能荣归故里，但越是渴望，反而越触不可及。战火纷飞的年代，远隔重洋的两地，归国成为了遥不可及的幻想。一年又一年，小伙子变成了老人，小孩子也只能在父辈的故事里想象中国，回家成为了心头的执念。

时机终于到了，等了二十多年的霍长仪们，在 1965 年踏上了归国的路。他们在旅途中追寻故土，在乡音里寻找过去。顺德、佛山、梅县，甚至不曾去过的北京，都留下了他们的脚印。周恩来总理以个人名义在人民大会堂亲切地接见了他们，并赠送了一只精致的花瓶作为纪念，如今这只花瓶被珍藏在霍长仪的家里。

故土难离，霍长仪也许早忘了离家时的故乡，但他记得那种感觉。那是一种牵绊，时隔多年，仍然萦绕于心。每当孩子问起，为什么要回中国，他总是告诉他们：“我们的根永远在中国。”

滨海墓园　　不少华人先祖安睡此处

1947 年，霍明祥先生在留尼汪出生，霍先生曾在法国图卢兹求学六年，又在法瑞边界的一座小城留学了一段时间，又回到留尼汪做医生。

1976 年 5 月，霍明祥第一次回到中国。当父亲霍长仪郑重其事地大声向亲戚介绍他时，他能感受到周围传来的或艳羡或称赞的目光，也能在语气中捕捉到父亲洋溢的自豪。

故乡真真切切地展现在他面前，他有点激动，也有点慌乱。相似的黄色面孔聚集在周围，热切的招呼声此起彼伏。霍明祥感受到了父亲的那份眷恋，那是一种鱼水相依的牵挂，是独居异国时渴望依靠的温暖所在。

他延续了父亲的乡恋，并转化为实际行动，在工作之余还兼任了留尼汪华商会会长，一干就是十几年。在任期间，他接待了许多中国国家代表团，也包括不少领导人。1992 年曾接待外交部副部长杨福昌，2004 年申办世博会期间，接待时任驻法大使吴建民先生，李岚清副总理也曾应邀到他家做客。

记载着接待历史的照片

故土难离，霍明祥先生是岛上千千万万个华人华侨的缩影，地理位置上的遥远不等同于心的距离。国内的天灾人祸总是牵动着岛上华人的心，他们自发地捐钱捐物，帮助国内渡过难关。

1991 和 1998 年的洪水灾难中，留尼汪华人华侨筹建了景德镇希望小学。汶川大地震后，通过四川省红十字会捐资 10 多万欧元（约合人民币 100 万），在营山县带河乡修建了一个建筑面积 860 平方米的卫生院，以缓解带河乡及周边 3 万多名群众看病难的问题。

华侨博物馆

虽然父辈们的乡恋将中国与华人华侨联系起来，但我们也不得不承认时间是最有耐性的，它能磨平棱角，也能重塑过去，好像一阵大潮，浪头过后，沙滩上只有隐约的痕迹。

“基于童年时期通过我的父母和其他华人移民的不断描述，我本以为我很了解这个国家，但是在探索中，我依然经历了文化和心理上的冲击。事实是更加出人意料的。中国犹如一个梦幻的星球，各地的宁静与人们强烈的好奇心和渴望努力工作的热闹氛围和谐融合在一起，会很快提醒你是来自于另外一个世界。”

霍明祥医生的话道出了留尼汪华人华侨的心声。1843年，第一批中国劳工到达留尼汪，此后陆续来到的中国人在此安家落户，生儿育女，有的已经是第四代或第五代了。

早期华人全家福　　现代华人全家福

新生代的华人以法语为主要语言，几乎不会讲普通话，只有年纪大一点的能说粤语或者客家话。对于他们来说，中国是隐藏在影片和书本中影影绰绰的符号，他们试图走近，但是语言和文化的隔膜却又将他们拒之门外。

想起我初到留尼汪时，在华人团体的欢迎大会上，深有感触地说：“我是第一次在中国人之中却不得不讲法语，所以一定竭尽所能在这里建立孔子学院，一定要让你们的后代，让孩子们学习普通话，这样才能更好地懂得中国的历史与文化。”

2010年11月3日，孔子学院在留尼汪大学正式揭牌，不久后，就招收了100多名学生。现在留尼汪已经成为了法国仅次于巴黎的第二大汉语学习区。学汉语蔚然成风，不仅有华人华侨，还有法国本土的孩子。一位九岁的小朋友从中国游学回来后说：“我这次住在九江的中国人家里，我非常喜欢中国，喜欢中国文化，喜欢中国菜。”

留尼汪孔子学院的老师与同学

随着两地交流活动的增多，留尼汪和中国在文化、商务、教育等方面已有了很多合作。不过要加强华人华侨与祖国之间的联系，还有很长的路要走，所幸我们已经出发了。

“一带一路”将成为中国与欧洲合作的新亮点

孙海潮，中国国际问题研究基金会欧洲研究中心主任，前驻中非共和国大使。

丝绸之路把中国和欧洲连接在一起

“丝绸之路”，一个多么动人而又动听的美妙名称。“丝绸之路”，一个既让人产生美好回忆，更让人产生美好向往的美妙名称。

古代丝绸之路始于中国而终于欧洲，丝绸之路名称则始于欧洲而终于中国。1979 年，甘肃歌舞团创作的大型歌舞剧《丝路花雨》赴巴黎演出，场场爆满，引起强烈轰动。我当时在中国驻法国使馆工作，曾参与接待，并在国内报刊撰文介绍盛况。随后在全球范围内上演的电视连续剧《马可波罗》，更在世界范围内掀起经久不衰的丝绸之路狂热。

当我们谈起“一带一路”时，欧洲人仍按传统说法为“丝绸之路”，只是在前面加了一个“新”字，并用复数表示。自古到今，丝绸之路都是中国与欧洲之间最重要的联系通道。今天，中欧之间已形成海上丝绸之路、陆上丝绸之路、空中丝绸之路、铁轨上的丝绸之路等多个交往通道，为人们所津津乐道。

丝绸之路是通商交易之路，是文明互通和人员交流融合之路，也是东风西渐和西风东渐之路，更是和平与发展之路。欧洲是陆路和海上丝绸之路的终点。欧洲是政治经济军事文化科技金融人文发达之地。来自遥远中国的丝绸、瓷器、茶叶、香料等商品曾一度改变了欧洲上层社会的生活方式，并且成为炫耀身份和财富的重要象征。凯撒大帝（西汉时期）曾穿着中国丝绸长袍观看演出，华美的长袍引起全场轰动。中国文化经由丝绸之路传到欧洲，产生过巨大影响。汉学在欧洲始终是显学和贵学，汉学家是极受尊崇的高级人文学者。谈起中国和丝绸之路，欧洲人无不谈兴大发，对古代中国的敬佩和向往之情溢于言表。欧洲人认为，中国既是神秘的远方故土，更是物种丰饶黄金铺地的国度。

《马可·波罗游记》的出版，使欧洲人对中央帝国的迷恋进一步加深，更有人认为那纯粹是一派胡言，因为那个国家太令人惊艳太令人难以置信了。有史学家称，哥伦布发现新大陆完全是出于偶然，因为他怀揣《圣经》和《马可·波罗游记》，本是要率领船队到中国寻财掠宝的，却鬼使神差地辨错了方向，最后把美洲当成了中国。

欧洲人始终对中国充满了兴趣，对与中国发展关系抱有极大兴趣，故而能够发生包括对华战争远道而来抢掠财富文物等等那么多的故事。英法德意西等国的国家级博物馆里都专设有中国馆，每天都在向游人诉说着古代中国的故事。巴黎著名的吉美博物馆称为东方艺术馆，但展示的主要是来自中国的珍品，展示和解说丝绸之路风物。

法国前总统希拉克对中国传统文化情有独钟，对中国青铜艺术的了解和研究已达专家级水平。我曾在《人民日报》发表《希拉克情迷中国文化》一文，介绍希拉克总统喜爱和研究中国文化的有关情况。

雨果巴黎故居几间屋子的墙壁上都挂满了中国古瓷和工艺品，因为雨果和他一生的情人朱丽叶都酷爱中国文化，朱丽叶尤爱中国瓷器。当英法联军火烧圆明园的消息传到欧洲后，雨果怒不可遏，谴责一个叫法兰西和一个叫英吉利的两个强盗，打着维多利亚女王和拿破仑皇帝双重旗号远征中国，对圆明园放火洗劫，必将受到历史制裁。

2003－2005年，在江泽民国家主席和希拉克总统联合倡议下，中国与法国相互举办文化年，开我国与友好国家举办文化年先河。文化年期间，法国和“中国热”和中国的“法国热”持续升温，对促进两国人民的相互了解和友谊起到巨大作用。2004年1月24日，有着“世界第一大道”美誉的巴黎香榭丽舍大街有史以来首次披上了中国春节的盛装。作为中国在法文化年的重头戏之一，近万名中华儿女组成的彩妆游行方队依次沿街而上，通过凯旋门，尽情展示中国的悠久文化和风俗。武术方队、京剧方队、旗袍方队、舞蹈方队、彩车方队、儿童方队、56个民族服饰方队相继亮相，中国丝绸流光溢彩，巴黎成为精美绝伦的中国丝绸的海洋。来自世界各地的75万人出席了这场中国丝绸盛宴，大饱眼福。当晚，法国电力公司通过280束红色光柱把埃菲尔铁塔照耀得遍体通红，使这座“钢铁少女”披上了“中国红”，宛若穿上了红色的中式大红丝绸旗袍。凯旋门和埃菲尔铁塔分别为昨日法国和今日法国的象征，现在又分别为庆祝中法关系的发展而改变自身的装扮，唱主角的都是中国的丝绸。

中法文化年期间，枫丹白露皇宫的中国瓷器馆每天都要接待大量游人，法国瓷都利摩日瓷器博物馆汇集了全法各大博物馆的中国古代名瓷，与法国名瓷一起举办联展，在全欧引起轰动。我以使馆代表身份出席联展开幕式并讲话。巴黎郊区的塞夫尔瓷器博物馆收藏了大量中国古瓷，在两国文化年之际专门从景德镇定制了两个高达数米的大花瓶，分置在大门两旁，十分壮观。在凡尔赛皇宫举办的中国清代皇袍展，向法国和欧洲观众展现了中国登峰造极的丝绸制衣技术，访客无不叹为观止。

丝绸和瓷器为增进中法两国人民的友谊，继续做着特有的贡献。

“一带一路”倡议为中欧关系注入新活力

改革开放以来，欧洲一直是我国资金和技术的重要来源地。中欧政治关系虽有起伏，但经贸投资和服务业交往和发展从未止步。中欧贸易额 2003 年首次突破 1000 亿美元，是 1978 年的 40 余倍。2017 年，欧盟 27 国与中国货物进出口额为 6444.6 亿美元，较上年增长 13.7%。

中欧贸易近年的递增率均达两位数，现互为第一和第二大贸易伙伴。在欧盟的中国留学人员超过 28 万人，在华留学的欧盟学生学者超过 4.5 万人，中国在欧盟设立了 122 所孔子学院，欧盟 24 种官方语言已经全部走进中国高校，现在平均每天约有 1.6 万人和 70 多个航班穿梭于中欧两地。

建设欧亚大陆桥，一直是我们的奋斗目标。杭州 G20 峰会会标也以桥为基本理念，寓连接沟通交往会合之意。21 世纪的丝路从火车头开始，满载着中国的商品和中国人民的友谊一路向西，很快将扩大到道路、油气管道和其他基础设施建设。中欧班列已连接中国 56 个城市和欧洲 15 国的 46 个城市，开行超过 12000 列，成为双向后卫流通的重要通道，经济辐射力与日俱增。法德英等国企业同中方企业在第三方市场的合作方兴未艾。欧洲媒体指出，“铁轨上的丝绸之路潜力巨大”。

国家主席习近平在访欧过程中倡议把中欧关系纳入“一带一路”建设，提议“在亚欧大陆架起一座友谊和合作之桥”，引起强烈反响。中国提出成立亚投行倡议后，西欧大国经过认真研究，先后做出了积极表态。2015 年 3 月 12 日，英国不顾美国的强烈反对甚至恫吓，率先申请成为亚投行创始国，成为第一个申请加入亚投行的西方发达经济体。随后几天内，德法意卢奥西葡丹瑞典等国相继申请加入亚投行，唯恐落后。非欧盟成员的挪威和瑞士也申请加入，现已有 14 个西欧国家成为该行创始成员国。西欧国家从未如此一致地支持和加入中国发起的一项国际行动，也是向中国政府投出的信任票，其中的意义不言自明。与此形成鲜明对照的是，欧美自贸谈判陷入僵局，法德对美大力推销的跨大西洋贸易与投资伙伴协议（TTIP）持消极态度，认为美国意在控制欧洲，明确予以拒绝。美国始料未及，美财长甚至骂英国背信弃义难以容忍。

亚投行的主要任务是互联互通，“一带一路”的指导思想也是推动沿途国家的互联互通。地处欧亚大陆两端的中国和欧洲，都有着悠久的历史和光辉灿烂的地缘文明。作为世界地缘政治结构两大支柱的中国和欧盟，没有根本的利害冲突，却有着强烈合作和交往的需求。“一带一路”倡议是当今世界最大规模的经济合作与互利共赢计划，西欧是发达经济体最为集中的地方，历史上是丝绸之路的终点，今天则是“一带一路”建设的重要伙伴和利益攸关方。欧盟是“一带一路”倡议的重要目标市场。历史上把中欧连接起来的丝绸纽带，将在新的历史条件下焕发出新的活力。

丝绸之路经济带，东牵亚太经济圈，西系发达的欧洲经济圈，是世界上最长、最具发展潜力的经济大走廊。中国经济以 10% 的年递增率持续 30 年之久，是人类经济史上从未有过的奇迹，现已成为世界第二大经济体，国际货币基金组织称中国为世界经济增长的年贡献率达 39%。欧盟自 2008 年美国次贷危机后爆发主权债务危机至今，经济一直处于低迷状态，对中国的市场和投资寄于极大希望。时移势易。中国GDP现占世界总量13%，离史上最高的30%还有相当差距，但在中欧美“经济大三角”中已是三分天下。中国已从主要吸收西欧国家的资本、技术、投资，转为向西欧输入资本和投资。西欧国家都把发展对华实质关系置于对外关系的重要位置，在对华经贸关系中获利颇丰。中国游客的消费能力深受欧方惊叹和欢迎，已成为接到西欧经济和就业的一个重要因素。每年百多万中国人登上埃菲尔铁塔的盛大场景，法国人说起来无不竖起大拇指。

2013年11月，第十六次中国欧盟领导人会晤在北京举行，双方签署《中欧合作2020战略规划》，确定了中欧在和平与安全、繁荣、可持续发展、人文交流等领域加强合作的共同目标，实现中欧发展战略对接，促进中欧全面战略伙伴关系深入发展。双方宣布启动中欧投资协议谈判，积极探讨开展自贸区可行性研究，力争2020年贸易额达一万亿美元，同时密切人文交流，加强在对国际和地区事务的沟通协调。《规划》为深化中欧合作描绘了蓝图，为构建中欧和平、增长、改革、文明四大伙伴关系提供了重要基础和支撑。2016年4月，中欧合作2020战略规划》首次评估会议在北京举行。双方一致认为，两年多来，《规划》落实有力，成果显著，对促进中欧发展战略对接和全方位合作发挥了重要作用。双方决定继续加强政治对话，深挖合作潜力，进一步拓展经贸投资、互联互通、数字经济、科技创新、绿色发展、人文交流、G20及全球治理等重点领域合作，争取中欧发展战略对接尽快取得早期收获，促进中国与欧盟及成员国关系更快更好地协调发展，并为中欧双方人民带来更多福祉。

中欧“一带一路”合作前景广阔

“一带一路”是化理论为行动，为全球增长烙上中国印记，变梦想为现实的重大国际合作倡议，是促进全球经济复苏的中国方案，增进不同文明互学互鉴的中国智慧，推动全球治理体系变革的中国担当。

“一带一路”虽然是经济带，但是内涵是非常丰富的，中方希望通过在经济、贸易、投资、基础设施以及人文多个层面的合作和沟通，推动国际金融、服务、投融资业务的平衡和公平发展，同时让国际社会更好地分享中国发展的机遇，也为自己创造更好的发展环境。“一带一路”秉承和弘扬团结互信、平等互利、包容互鉴、合作共赢的丝路精神，与欧盟的理念有相通之处。

2014 年，欧盟出台了总额 3150 亿欧元的《欧洲投资计划》，拟通过在战略和交通基础设施、能源、教育研发、中小企业、环境可持续性项目等领域的投资，推进欧盟经济增长并创造约 130 万个就业机会。欧盟同时还提出了泛欧交通网络发展规划。欧盟的发展思路与“一带一路”倡议存在诸多契合点，也与《中欧合作 2020 战略规划》重合，为中欧实现战略对接和共同发展提供了新的重要机遇。实际上，中欧新的战略对接业已展开，正在取得积极成果。

中欧现已基本形成相互尊重、平等相待、共同维护双方关系大局的共识，基本找到了通过对话协商妥善处理分歧的有效途径。G20 杭州峰会期间，习近平主席分别与德法英意西等西欧国家领导人举行双边会晤，都对未来关系的发展充满了信心和期待。英国首相特蕾莎·梅为了消除人们对中英关系的担心，仍强调中英关系处于“黄金时代”。

继法国向中方提出在非洲进行共同项目投资的倡议后，欧盟也多次希望中欧非三方在非洲进行投资合作。

法国总统马克龙 2018 年初对中国进行首次国事访问，选择古代丝绸之路的起点西安为访华首站，宣布法国将积极参与“一带一路”倡议，并力争在其中发挥作用。法国议会还通过了支持政府参与

"一带一路"倡议的决议案。

"一带一路"建设启动五年来，有力地促进了亚欧大陆的互联互通，融合了亚欧两大市场。为双方增长带来动力，极大增加了沿线国家经济发展和就业，有助于解决贫困，铲除战乱、恐怖主义、极端势力和非法移民等问题滋生的根源。也是积极倡导绿色低碳发展理念，切实践行多边主义，是落实气候变化巴黎条约和实现2030年可持续发展议程的重要载体。

一些欧洲国家政府和舆论也对"一带一路"提出了质疑，甚至觉得难以理解。如"一带一路"是中国谋求霸权的地缘政治工具，是要对现有国际体系和秩序"另起炉灶"，还有质疑中国利用共建"一带一路"分裂欧盟，"一带一路"建设会导致所谓的"债务陷阱"等。针对这些疑问，中国有针对性地做欧洲国家和舆论工作。

中华民族从来没有称王称霸穷兵黩武的文化历史基因。从自身遭遇中，我们深知欺凌得不到合作，霸权带不来发展。中国坚定不移地走和平发展道路，是根据时代发展潮流和自身根本利益作出的战略抉择。在全球化的今天，各国命运紧密相连，任何国家也都不可能再走赢者通吃的老路，西方的理念和做法无法解读中国的历史和现实，国强必霸的陈旧逻辑，更不可能适用于爱好和平，寻求共同发展的中国

中国支持欧洲建设的立场始终如一，特别是在2008年欧债危机最严重的时刻，中国在蒙受严重损失的情况下，购买欧元区国家债券，帮助部分风雨飘摇的欧洲国家得到了喘息。中东欧国家出于发展需要积极参与"一带一路"合作，中国没有理由拒绝，更不认为这种公开，透明，友好互利的合作会导致欧盟的分裂。事实上，加强欧洲国家之间的互联互通，缩小成员国之间的发展差距本身就是欧洲一体化的初衷。

没有任何国家因参与"一带一路"合作而陷入债务危机。当然，

基础设施项目属于生产性投资，短期收益不明显，但长期回报可观，因短期内没有资金回报而否定长期效益，显然是片面的。

2019 年 1 月初，"一带一路"巴黎论坛第二届会议成功举办。法国前总理拉法兰在研讨会中表示，"一带一路"是多边主义的新发展。法国和欧洲应该更加平衡的看待自己的东西两端。法国企业应更积极地进入中国市场。当今世界各种矛盾突出，欧洲应当采取一种合作的战略，通过最大化的合作来回击单边主义，比如。法国应在一带一路框架下发起共同的行动倡议，并且推出能与各方战略兼容的合作项目。中国前驻法国大使孔泉说，面对全球经济下行压力加大和单边主义、保护主义阴云密布的严峻形势，中欧合作，积极共商共建共享"一带一路"，必将是我们共同的理智选择。

中国真诚希望通过加深了解和沟通，逐步减少和消除偏见，猜测和误解，使中欧开展"一带一路"合作具有更加坚实的互信基础。中国真诚希望通过"一带一路"计划发展与西欧互利共赢的经贸投资和金融合作关系。中国真诚希望西欧正确认识中国发展带来的是重大机遇而非挑战，摈弃偏见，排除干扰，使双方关系步入健康稳定发展的轨道。

怎样看独特的俄罗斯

周晓沛，男，汉族，1945 年生，现居住在北京东城区，浙江乐清人。

1969 年毕业于北京大学俄罗斯语言文学系。

1973 年 3 月到外交部工作，曾任苏欧司苏联处处长、参赞，欧亚司副司长、司长；

驻俄罗斯使馆公使衔参赞、公使；驻乌克兰、波兰、哈萨克斯坦大使。现任外交部外交政策咨询委员；中国前外交官联谊会副会长；中国国际问题研究所特约研究员；外交学院兼职教授。

在西方媒体中，俄罗斯被刻意“妖魔化”。在我们国内，一些年轻人也瞧不太起俄罗斯。近来，我在几个微信群里随意浏览了一篇疯传的“青年史学家”文章，一看题目就吓人一跳：“普京的下场可能是怎样的?”

俄罗斯是一个独特的民族，有别于世界上任何国家，如何解读确实是难题。我想结合 40 多年外交生涯中的亲历亲闻，与读者分享个人的一些看法，仅供参考。

凭理智难以理解俄罗斯

1917年十月革命一声炮响，曾经震惊了世界。1991年帝国大厦轰然倒塌，同样也震惊了世界。

上世纪70年代末我在苏联工作时，就听到过这样的议论：“一个率先把卫星与宇航员送到太空的国家，怎么连粮食、棉纺织品都要靠进口？”苏联解体时，国际上做出了截然不同的反应，有人幸灾乐祸，有人惋惜哀叹，有人迷惑不解，至于剖析原因，更是众说纷纭。20多年以后，还不时有人问：苏联这个超级大国为什么一夜之间就没了？对此答案依然莫衷一是。

记得法国总统萨科齐访问俄罗斯时，曾向对方提出一连串问题，普京未予直接回答，而是引用了19世纪俄国诗人丘特切夫的一段名言：“Умом Россию не понять, аршином общим не измерить: У ней особенная стать – в Россию можно только верить.”意思是，凭理智难以理解俄罗斯，对她不能用常规量度：俄罗斯别具一格——对她你只能相信。而现实中的俄罗斯，却相当高调张扬，加之某些媒体抹黑渲染，有时又令国际社会难以置信。

俄国是一个“巨无霸”。面积1700多万平方公里，横跨欧亚两洲，东西长约1万公里，共分9个时区，西端的加里宁格勒刚上班，东端的堪察加半岛居民早已下班回家了。有人形容俄罗斯是“资源大国、军事大国、科技大国、人文大国”，有人认为俄罗斯仅核武器和外交两个单项堪称“一流大国”，也有人称俄罗斯早已沦为“二流国家”啦……

俄罗斯人口1.46亿，有156个民族，祖先是东斯拉夫人，信奉东正教。东正教由基督教分裂而来，随着罗马帝国的衰败，基督教分化为以拉丁语地区为中心的西派和以希腊语地区为中心的东派。

公元1504年，两派彻底分裂，西方教会对原教条进行了补充和修正，以“普世性”自诩，称天主教；东方教会则信守原教条，反对革新，以“正宗”自居，称东正教。俄罗斯之所以强大，正因为“它拥有永恒的价值——东正教所信奉和传播的价值”。可以说，没有东正教，就没有俄罗斯。

普京总统在第十一届瓦尔代论坛上指出：过时的苏联意识形态、复旧的保皇主义和西方的极端自由主义都不适合俄国，俄罗斯需要的是扎根于本国传统价值观的务实保守主义。这被称为普京的新保守主义，其实质就是民族利益至上，主要特征是固守传统，高度集权，可控民主，强势崛起。

到西伯利亚看后，你才知道什么叫真正的地大物博。坐火车好几天都是看不到头的原始森林，地下自然矿产资源富得流油，石油、天然气、煤炭储量均约占世界总量三分之一。仅贝加尔湖的淡水，可供全球人口饮用半个世纪，被称为“世界之井”。有人开玩笑说，“后石油”时代，俄罗斯人靠卖水也能自救。正如罗蒙诺索夫所言：“俄罗斯的强盛有赖于西伯利亚。”

顺便提一下，当今国际上不再流行单纯以GDP来衡量一国的综合实力，而是资源、人材和创新三大要素。

“诗与剑”的民族

俄罗斯被称为是一个“诗与剑”的民族。东西方文化交融，既有斯拉夫人的豪放、粗犷，又有诗人般的激情、浪漫。1918年，俄罗斯著名思想家别尔加耶夫在《俄罗斯的命运》中这样写道：德国是欧洲的男人，俄罗斯是欧洲的女人。俄罗斯可能使人神魂颠倒，也可能使人大失所望。她最能激起对其热烈的爱，也最能激起对其强烈的恨。这似乎生动勾画了其民族的独特性、矛盾性及多变性。

俄罗斯文化积淀深厚。历史上名人辈出，诸如罗蒙诺索夫、门捷列夫、柴可夫斯基、列宾等世界级的科学家、艺术大师不胜枚举。尤其19世纪，俄罗斯文学达到了鼎盛时期，涌现了普希金、列夫·托尔斯泰、陀思妥耶夫斯基、果戈里、契诃夫、屠格涅夫等一大批文学泰斗。《战争与和平》、《叶甫根尼·奥涅金》、《钢铁是怎样炼成的》等经典名著在中国家喻户晓。俄罗斯近现代文学影响了中国几代人，也深刻影响了中国文学创作。俄罗斯文学普遍格外沉重，就像是“大地、雪原和旷野中的呼喊”，读起来并不轻松，要求读者投入到熔炉中，在精神上进行一番修炼。有人评称：“一篇陀思妥耶夫斯基小说给你带来的精神震撼，可能远超过看一万个段子得到的肤浅快感。”我们这一代人都记得保尔·柯察金的这段闪光格言：“人最宝贵的是生命，生命对于每个人只有一次。人的一生应当这样度过：当他回首往事的时候，不因虚度年华而悔恨，也不因碌碌无为而羞愧。”我想，年轻人就应该有梦想，有追求，要奋发有为。

俄罗斯人喜爱读书，而且有买书、藏书的习惯。上世纪70年代我在莫斯科工作时，曾好奇地发现，无论在地铁还是公共汽车上，总是静悄悄的，人们都在低头看书或阅读当天的报纸。90年代中，我到俄罗斯朋友家做客，最羡慕的就是他们家中都有书房或图书角，书架上摆满了各种经典图书，包括50卷的《苏联大百科全书》。他们总是书不离手，相互间赠送礼物，往往爱送文学名著。“俄罗斯男人公文包里，总是装着两样东西——酒杯和书；女人手提袋里，也离不开两样物品——化妆盒和书。”这一说法是对俄罗斯人喜欢阅读的形象概括，可能也是俄罗斯民族文化素养高的一个源泉吧。

记得1995年5月9日，我国领导人应邀赴莫斯科参加反法西斯战争胜利50周年庆典时，当晚在克里姆林宫大会堂举行的音乐会上朗诵了西蒙诺夫创作的《等着我吧》这首诗：“等着我吧——我会回来的，死神一次次被我击败……只有你和我两个人将会明白——

全因为同别人不一样，你善于苦苦地等待。”大厅内掌声雷动，观众们都跟着一起朗诵，那种场面令人难以忘怀。

苏联老歌是俄罗斯文化的不朽代表作，也是世界文化艺术宝库的珍品。那些歌词优美、曲调流畅的苏联歌曲，无论在思想性还是艺术性方面，都有很高的品位和迷人的魅力。它们不仅让你认识了俄罗斯人性格中的热情、豪放和凝重、忧伤两面，而且得到美的艺术陶醉，伴随我们已有半个多世纪，鼓舞和愉悦了中国几代人。

“深夜花园里，四处静悄悄，树叶儿也不再沙沙响。夜色多么好，令我心神往，在这迷人的晚上……衷心祝福你，好姑娘，但愿从今后，你我都不忘，莫斯科郊外的晚上。”这首歌是1956年全苏运动大会文献纪录片中的一个插曲，原名叫《列宁格勒的晚上》，当时反响并不大。1957年莫斯科举行第六届青年联欢节，改名后的《莫斯科郊外的晚上》一炮走红。从此，歌曲插上翅膀飞向世界各地，译成各种语言到处传唱，歌曲的内涵也从爱情延伸到对亲友、祖国，对一切美好事物的爱和美好未来的向往。不过，其命运也备受坎坷。“文革”中，这首情歌被打成“苏修黄色歌曲”，禁止传唱。随着中苏关系解冻，这首扣人心弦的抒情歌曲才得以浴火重生。

在世界近代史上，记载着两大辉煌：一是1812年俄国人民在卫国战争中打败了不可一世的拿破仑；二是1945年苏联人民经过1418个日日夜夜的浴血奋战，用2700万人的生命换来了反法西斯战争的伟大胜利。靠的是什么？据说，主要是因为俄罗斯人具有克敌制胜的顽强意志和凝聚力。2015年5月9日是世界反法西斯战争胜利70周年，俄罗斯举行胜利日大阅兵，气势恢宏。西方媒体却形容其为普京的“孤单表演”，理由是美、英等政要缺席，但西方抵制并未影响到俄罗斯民众的庆祝热情和民族自豪感。俄新社评称，西方杯葛阅兵式的企图失败了，习近平出席红场阅兵式要比奥巴马及欧洲国家领导人的缺席更为重要，“习近平、普京并肩观看阅兵，彰显俄中友谊”。德国《明镜》周刊称，中俄两国“比以往任何时候都走得更近”。

俄罗斯人爱喝酒，而且是“海量”。公元十世纪，基辅罗斯的弗拉基米尔大公说：“喝酒是罗斯人的天生嗜好，没有这种乐趣，就无法生存”。伏特加意为“生命之水”，是俄罗斯民族的血液。俄罗斯是伏特加的故乡，发明化学元素周期表的门捷列夫为“伏特加之父”。他不仅贡献了伏特加的标准配方，甚至连伏特加的名字也是他起的。经过反复科学实验，他发现最理想的酒精度数是40度，这对人体最为适宜。1895年，俄国财政大臣维特将全俄伏特加的度数统一为40度。据记载，卫国战争期间，为提高战斗力，斯大林批准每天给前线野战部队每人派发伏特加100克，后又把打胜仗的定量增为200克。有历史学家称，他们是“靠伏特加和卡秋莎打赢了战争”。现在，俄罗斯人均饮酒量也居全球第一。政府颁布过禁酒令，但“几度禁酒几度醉”。漫长而寒冷的冬季，不仅使他们嗜酒成性，也磨练了其特有的耐性。

俄罗斯人豪爽，重感情。我在苏联工作时，中苏关系不好，但老百姓家里依旧珍藏着五十年代中国留学生送给他们的钢笔、毛巾、老照片以及明信片。记得有一次去北极摩尔曼斯克出差，在咖啡馆里碰见一位中年俄罗斯人，聊了一会儿天，知道我们是中国人后，就马上请去家里做客，打开冰箱，拿出鱼子酱和伏特加盛情招待。至于我们两国普通外交官在几十年风雨同舟中建立起来的个人友谊，不论国家关系好坏，都历久弥新。

俄罗斯人不娇生惯养。从小就培养勇敢、冒险的性格，幼儿园

孩子冬季用冷水浇身锻炼意志和体魄，到大剧院看芭蕾、听音乐会，接受文化艺术熏陶。俄罗斯全民教育中十分重视体育锻炼，许多健身项目被提升至文化课一样的重要地位。“为劳动与国防做好准备”（劳卫制）列入国家项目，如学生达不到标准就不准毕业。

据统计，俄国的家庭平均钢琴拥有量占世界第一，家庭藏书率和国民阅读率也是最高。

当然，近些年来，俄国内也出现了许多负面问题，包括腐败现象严重、治安状况差、犯罪率上升等，但其整体素质仍然较高。

崛起的势头不会逆转

上世纪90年代，受苏联解体和“休克疗法”冲击，俄罗斯政局和经济波动振荡，居民生活水平急剧下降。历经解体磨难之后，俄罗斯又重新崛起。

1999年开始，俄罗斯经济恢复增长，连续8年均增幅约7%。国际金融危机对俄罗斯冲击不小，GDP保持中低速增长。乌克兰危机后，由于西方经济制裁和国际油价暴跌，2015年俄罗斯经济负增长3.7%，2016年为-0.2%，预计今年经济将恢复增长2%。苏联时期年年进口粮食，现在正常年景，一年可出口3000万吨谷物。俄罗斯延续了苏联时期住房、医疗、教育等社会福利保障，尤其重视义务教育，中小学生连书本、午餐都免费提供。俄罗斯用了7年时间，花费500多亿美元，以举国之力成功举办规模空前的索契冬奥会，这本身就向世界展示了俄罗斯崛起的雄心和实力。但经济过度依赖能源出口，地区发展不平衡，基础设施老化，思想观念守旧制约了发展。

外交上，俄罗斯奉行东西方并重的“双头鹰”理念，呈强硬实用态势，坚决维护自身民族利益，力图重振大国地位。乌克兰危机导致美俄之间战略矛盾加深，而已崛起的俄罗斯绝不会屈从于压力。俄罗斯加快转向东方，同时表示不会自我孤立，愿同西方和东方结交“平等伙伴”。仔细观察分析一下，俄罗斯外交还是颇有章法的，包括应对叙利亚乱局、处理斯诺登事件以及在反导问题上进行针锋相对较量等等，而且对西方制裁强硬反制，标志作为独立一极，正在回到国际舞台中央。正如法国新任总统马克龙所言，“今天没有任何一个重大国际议题能够在不和俄罗斯进行对话的情况下得到解决”。

2016年9月18日，俄罗斯国家杜马举行选举。这是近15年来俄罗斯首次在经济衰退的情况下举行重要选举，因而格外引人注目。作为上海合作组织的国际观察员，我应邀到莫斯科参加观选工作。投票当天，我和外交部欧亚司的同事先后跑了10个投票点，与选民和各党派的观察员代表进行交流，并填写了27份抽样调查表。每个投票点都装有摄像头，直接上传互联网。选民以中老年为多，秩序井然，整个过程开放、规范，但投票率较低。据选委会的工作人员介绍，年轻人对政治不太关心。观选期间，也发生过误会。在一个偏远的投票点，一位工作人员不让我们进去。“我们这儿从来没有来过外国观察员，是谁派你们来的？为什么没有提前通知我们？”我反问：“为什么要提前通知呢？我们是按照你们的法律来观选的，而且是你们中央选举委员会派来的。”我出示了国际观察员证，并指了指帕姆菲洛娃的亲笔签名，笑着说：“这可不是假的，难道你不知道中选委主席吗?”她无言以对，只好去打电话请示，回来后对我们表示欢迎。还有一次，一位选委会主任责问我们：“你们怎么不去美国监选呀?”我说：“只要有邀请，我们也会去的。”一个明显感觉是，俄罗斯人很爱国，对美国、西方的制裁和打压十分反感。第二天中午，我在俄罗斯中央选举委员会新闻中心发表观感时，还向媒体讲述了这段小插曲。当然，我强调，从我们亲眼观察到的情况看，没有发现违规现象，这次杜马选举确实是“公开、透明、合法的”。

据各方反应，包括一些反对派也给予正面评价。结果不出所料，统一俄罗斯党取得了大胜，比上一届杜马多出了100个议席，稳操议会宪法多数。人们普遍认为，与其说是选民投统俄党的票，不如说是支持普京，再次验证了普京的高人气。西方媒体评称，这次议会选举实际上是2018年总统大选的一次预演。

普京离不开俄罗斯

普京虽被有的媒体称为“暴君”、“魔头”，但连续四年登顶《福布斯》权势榜。《福布斯》称：“俄罗斯总统继续证明，他是世界上为数不多能为所欲为并成功的人。”

普京表示，我们被说成是“丛林之主”，俄国熊绝不会把自己的丛林交给别人。2015年10月24日，《生意人报》报导，当一位记者问普京是鹰、还是鸽子时，普京答：“我是鸽子，但有一对非常强壮的铁翅膀。”因而被媒体喻为“铁翅雄鸽”。

“柔道高手”普京，在国际上往往有出人意料之举，让对手琢磨不透。英国《卫报》说：“没有人知道普京到底想干什么，他像拳王阿里般灵活躲避着西方的打击，不管西方领导人言辞多么像个拳击手，事实上，拳台上只有一个拳击手，他叫普京。”

2002年有一首走红的金曲“嫁人就嫁普京这样的人”，近来再次为民众所津津乐道：“我如今想要一个像普京强而有力的人，一个像普京不酗酒的人，一个像普京不使我伤心的人。”就连一些电台也播放这首老歌。2012年总统大选期间，一首以普京名字第一个字母命名的《V. V. P.》歌曲也曾红极一时。歌词大意是，普京执政后国家稳定，经济发展，他是上帝派来拯救国家的使者，“普京——俄罗斯崛起”。

2017年10月7日，《莫斯科共青团员报》以“普京继续走红俄罗斯”为题报道称：你无法想象列宁光着膀子骑马，不可能在斯大林在世时听到关于他的笑话，也不会看到艺人写歌向戈尔巴乔夫示爱。然而，这一切都曾在普京身上发生。当叶利钦第二次当选总统时，人们感慨他“已经”65岁了；而今天普京过生日时，人们发现他才“刚满”65岁。普京被大众文化接受的速度，与其攀上政治顶峰一样迅速。用一句老话说，普京已化身为“俄罗斯的传奇勇士”。

俄罗斯民众认为，西方对普京的抹黑就是对俄罗斯的侮辱，甚至称“没有普京就没有俄罗斯”。普京自己回应道：“俄罗斯有的是人才，俄罗斯可以离开普京，但普京离不开俄罗斯。”

从目前的情况看，普京面临的问题和挑战较前突出，国际环境更趋复杂，但国内政局可望保持相对稳定，俄罗斯发展的势头不会逆转。经济制裁影响深远，但俄罗斯民族有超强的忍耐力，而且愈压愈强，定能渡过难关。对俄民众来说，“民族尊严远比经济指标重要”，而且普遍认为目前困难是西方造成的，反而促进了内部团结。民调显示，普京的支持率从原来的64%升至80%以上。

普京强势政策主张仍受到普通民众拥护，这无疑有利于俄罗斯国家的稳定和振兴，也有利于中俄全面战略伙伴关系的深入健康发展。

个人认为，在可预见的一个时期内，自成一体、特立独行、相对平稳的社会政治制度，符合俄罗斯的历史传统和基本国情。

两大邻国关系前景光明

近20多年来，中俄关系取得前所未有的大发展。中俄之间为什么要建立战略协作伙伴关系？战略协作伙伴关系究竟包括哪些内涵？中俄战略协作伙伴关系发展前景到底如何？要搞清这些问题，不能不回顾两国关系的演变历史及其发展轨迹。

迄今，中俄关系只有26年，而中苏关系却有42年的历史。众所周知，中苏两国关系充满了戏剧性的变化。在这儿，我想讲一个上世纪赞颂中苏友谊的歌词作者命运沉浮的真实故事，这在某种意义上也是两国关系的一个缩影。《莫斯科－北京》创作于1949年12月，正值中苏两国关系处于高潮时期。毛泽东到莫斯科访问的消息引起苏联举国轰动。在这种激情的感染下，一位名叫米·维尔什宁的被流放西伯利亚的诗人，写下了“苏中人民永远是兄弟”的不朽名句。据说，斯大林很喜欢这首歌。毛泽东第一次听到这首歌时已乘火车返回北京，他想亲自见一下歌词作者，而那时的维尔什宁，因遭人诬告还是苏维埃政权的“异己分子”。在斯大林的亲自过问下，苏联军事法庭很快撤销了对其所有指控，并被安排到苏中友协工作。从此，维尔什宁的命运发生了剧变，从一名普通作家迅速高升至苏联外交部部长助理。然而，随着中苏关系恶化，《莫斯科－北京》这首歌曲渐渐被人淡忘，维尔什宁个人处境也越来越艰难，再次沦为一名普通的诗人。更倒霉的是，他的诗作再也没有人敢发表了。在80年代初的一个寒冬里，穷困潦倒的维尔什宁惨死在野外雪地上……这位在政治风云中大起大落的苏联诗人，哪里知道两国关系的“寒冬”过后会再度“回暖”?!

1965年，毛泽东主席曾对柯西金说过这样一段意味深长的话：“我看中苏关系早晚会好起来的，可能是十年之后，美国人会帮助我们团结起来。”上世纪80年代，中苏双方都调整政策，两国关系逐渐缓和、改善。1989年，戈尔巴乔夫应邀访华与邓小平举行了高级会晤，宣布“结束过去，开辟未来”，中苏关系从此实现正常化。

四十年的风风雨雨使我们双方都蒙受了沉重损失，也都汲取了深刻教训。无论是结盟还是对抗，都是不成功的，中苏、中俄关系还是要以和平共处五项原则为基础。这样，两国之间就建立起了不同于20世纪50年代的那种结盟关系，更不同于六、七十年代的那种敌对关系，而是不结盟、不对抗、不针对第三国、相互睦邻友好的正常国家关系。

现在，我国是俄罗斯最大的贸易伙伴，2014年双边年贸易额达

953亿美元。受国际能源价格走低、卢布汇率波动等因素影响，近两年双边贸易额出现下滑，但这只是暂时现象。双方已着手完善贸易结构，提高合作质量，并规划到2020年前将贸易额提升至2000亿美元。要实现这些目标，思想观念需要创新，经济合作必须进入结构转型和战略升级的新阶段，着重进行战略性大项目合作，提升中俄利益交融水平。经过20多年发展，进一步扩大传统贸易潜力有限，应转入规范化的正常国际贸易轨道，合作重点加快向联合开发、制造、应用和投资、金融等领域，包括推进基础设施建设、能源、航空、航天、高新技术等领域务实合作。双方还需进一步加强民间人文友好工作，夯实两国关系的社会民意基础。

当前，世界上乱象丛生，各种不稳定、不确定因素明显增多。国际力量格局和国际体系正在发生深刻演变，大国关系也在进行重大调整。俄罗斯是我国最主要、最重要的战略协作伙伴，中俄新型大国关系健康发展对双方都具有不可替代的战略价值，对维护国际公平正义、世界和平稳定也至关重要。

中俄双方要更加紧密地加强全方位战略合作，坚定支持对方维护国家主权、安全、发展利益的努力，进一步加强政治互信，深化务实合作，注意照顾对方的利害关切和舒适度，给两国人民带来更多实实在在的好处，确保双方战略合作可持续发展。总之，立足于“世代友好，永保和平”的两大邻国关系前景光明。

从那套红都西装想到的

周晓沛，男，汉族，1945年生，现居住在北京东城区，浙江乐清人。

1969年毕业于北京大学俄罗斯语言文学系。

1973年3月到外交部工作，曾任苏欧司苏联处处长、参赞，欧亚司副司长、司长；

驻俄罗斯使馆公使衔参赞、公使；驻乌克兰、波兰、哈萨克斯坦大使。现任外交部外交政策咨询委员；中国前外交官联谊会副会长；中国国际问题研究所特约研究员；外交学院兼职教授。

昨天，应邀出席哈萨克斯坦驻华大使努雷舍夫在使馆举行的授勋仪式，我顺手穿了平时喜欢的咖啡色西装。这是一套伴随我40年外交生涯的官服。

相伴40年外交生涯的官服

1979年夏，我第一次出国常驻，外交部发了1100元置装费。这在当时可是一笔很大的数目，我不知道该怎么花。在国内，每次参加外事活动前，都要凭单位开的介绍信到行政司生活科借中山装，用完当即归还库房。部里的老同志嘱咐我，外交官出国要穿得体面，一定要买上好纯毛衣料，除了国庆等正式活动需中山装外，还要做两套带马甲的西装，再配上铮亮的三接头高档皮鞋。因莫斯科天气寒冷，必须买皮帽和厚呢子大衣，可谓从头到脚全副武装。

外交部的定点出国服装店——红都位于东交民巷，其品牌起源于有着百年历史的红帮裁缝。1956 年为解决北京做衣难的问题，在周恩来总理亲切关怀下，专门由上海迁至首都。裁缝都是南方师傅，态度和蔼，做工考究，穿起来非常合身。我还定做了衬衣，包括一件大花的。据使馆同事告，当下莫斯科使团中流行此款，实际上只穿了几次就不敢穿了，国内来出差的同事笑我太潮了。遵照老同志的交代，特地做了两条西裤，老师傅夸我说："小伙子，蛮有经验嘛，裤子磨损快，确实需要有备用的。"这次我穿的就是一直保存在家里的备用裤。

相伴 40 年外交生涯的官服

那年代，我们国家穷，出国人员只拿生活津贴，每月就 40 多元外汇人民币，但国内 56 元工资继续保留，被称为"双工资"，还挺知足的。中低级外交官不让乘飞机，只能坐火车，从北京到莫斯科得一个礼拜，包括一些赴非洲使馆的也得绕道莫斯科，大家都习以为常。唯一不能理解的是，不让带夫人，更不要说孩子了。这在世界各国驻外使馆中，算是独此一家。使馆领导得知我夫人也学俄语，而且是领事干部，专门向部里打了报告，过了一年才调到使馆。部里不少老同志，因夫人在外地，没有北京户口，不得不长期两地分居。记得有一次，外交部派我去外经贸大学做招生广告，不少同学都关心出国待遇问题，我就讲了上述情况，但指出，现在"鸟枪换炮”了，已与国际接轨，不仅工资大大提高了，可以带配偶、儿女，而且丈母娘也可去带孩子。同学们听后都乐了。同时我强调，想进外交部，要有吃苦的思想准备，舒舒服服当不了外交官。两年后，我在部里碰到一位年轻人，他主动与我打招呼说：“周大使，当时我就是听了你的报告后，决定报考外交部的。”我问：“后悔吗？”他摇了摇头。我很开心，看来还真没白忽悠。

回想起那时的许多东西，货真价实，不用担心受骗上当。就说那套西装，穿了近40年，还是挺挺的，没有变形。不过里子破了几处，还有开线的，我都自己及时缝补上。我想好了，以后去见马克思时，也要穿上这套西装。如老马有兴趣，不妨与他分享相关的故事，从中也可了解到中国改革开放后发生的巨大变化。

媒体聚焦“一带一路”

中国开放之门越开越大

——一论学习领会习近平主席在第二届“一带一路”国际合作高峰论坛开幕式上关于扩大对外开放的重要讲话精神

人民日报评论员

对外开放是我国的基本国策，开放是国家繁荣发展的必由之路。开着门，世界能够进入中国，中国也才能走向世界。

习近平主席在第二届“一带一路”国际合作高峰论坛开幕式上发表主旨演讲，为我国扩大新一轮高水平对外开放指明了前进方向。习主席强调，我国将在更广领域扩大外资市场准入，继续大幅缩减负面清单，推动现代服务业、制造业、农业全方位对外开放，并在更多领域允许外资控股或独资经营。这是党中央着眼我国现代化事业全局、着眼推动高质量发展和建设现代化经济体系，高瞻远瞩作出的重大决策，是我国对世界作出的庄严承诺。

开放带来机遇，竞争促进发展。这是我国改革开放40年来的一条重要经验。从1978年实行改革开放，到2001年加入世贸组织，再到党的十八大以来更大力度实施对外开放，我国的开放大门越开越大，经济也越来越强。通过不断开放市场，扩大准入，引入外资企业参与国内市场竞争，我国产业体系日益完备，企业竞争力不断增强，经济体系效率和质量持续提升，人民群众享受到更多更好的产品和服务。实践充分证明，开放竞争是我国经济发展壮大的有效途径，是建设社会主义现代化强国的必由之路。

历史地看，通过一定的市场准入限制保护国内幼稚产业和维护国家经济安全，是广大发展中国家和部分发达国家通行的做法。今天，我国经济总体上已经超越了依靠市场准入限制保护国内幼稚产业的阶段。经过几十年快速发展，我国已经拥有全球最完备的产业体系，建立起全球规模最大的制造业体系，涌现出一大批高水平企业，我国企业家的才能得到世界公认，我国企业总体上已经具备了与国际强手同台竞技的能力。只有扩大对外资开放，创造更加充分竞争的市场环境，引入国际高水平的市场竞争者，才能使我国产业和企业更好经风雨、见世面，成长为真正具有国际竞争力的强大市场主体。

开放竞争必然带来挑战和压力，没有挑战不能超越自我，没有压力就没有前进动力。过去一些“僵尸企业”僵而不死，大量过剩产能无法淘汰，占用和浪费了大量宝贵资源。通过扩大开放竞争，将加速低效企业和过剩落后产能退出市场。从局部看，这是一种阵痛，但从国民经济整体看，这有利于推动国内供给侧结构性改革，促进市场出清，提高供给体系整体质量和效率，增加优质高效供给。

公平竞争能够提高效率、带来繁荣。外资企业进入我国后，同内资企业一样都是平等竞争的市场主体，是国家总体社会生产力的有机组成部分。我们要严格实施《外商投资法》，实施好准入前国民待遇加负面清单管理模式，继续大幅缩减负面清单，加快制定配套法规和措施，一视同仁对待外资企业，为包括外资企业在内的所有在我国境内合法经营的市场主体创造市场化、法治化、便利化的营商环境。

当前，贸易和投资保护主义在一些国家兴风作浪，经济全球化遭遇逆流。当此之际，是开放还是封闭，是前进还是后退，考验着胸襟、眼界、智慧。我国作为全球第二大经济体，作为世界经济增长的最大贡献者，进一步扩大开放、欢迎外资的举措一波胜过一波，这向全世界展示了中国共产党和中国人民的自信，意味着我国将在改革开放道路上继续阔步前进，也将为全球合作共赢和繁荣发展作出更大贡献。我国改革开放已经走过光辉的40年，更多精彩还在后面。让我们共同见证这个伟大时代的到来。

（原载《人民日报》2019年4月27日第3版）

让中国成为全球知识价值实现的热土

——二论学习领会习近平主席在第二届“一带一路”国际合作高峰论坛开幕式上关于扩大对外开放的重要讲话精神

人民日报评论员

知识是创新驱动中最核心的因素，知识产权日益成为国家发展的战略性资源和国际竞争力的核心要素。加强知识产权保护，是完善产权保护制度最重要的内容，也是提高经济竞争力的最大激励。

“没有创新就没有进步。”习近平主席在第二届“一带一路”国际合作高峰论坛开幕式上的主旨演讲中强调，中国将更大力度加强知识产权保护国际合作，彰显了中国加强知识产权保护的坚强决心，对于促进更高水平对外开放，让中国成为全球知识价值实现的热土，具有重大意义。

今天，加强知识产权保护，不仅是维护内外资企业合法权益的需要，更是推进创新型国家建设、推动高质量发展的内在要求。党的十八大以来，党中央强调贯彻新发展理念，创新发展居于首位。随着我国实施创新驱动发展战略，创新型企业越来越多，“引进来”和“走出去”企业越来越多，对加强知识产权保护的呼声越来越高，希望通过卓有成效的知识产权保护，使创新激情得到持续激发，使创新源泉充分涌流。正如我国积极参与应对全球气候变化那样，加强知识产权保护不是因为别人要我们去做，而是我们自己主动要做。

中国加强知识产权保护的成效显著、有目共睹。改革开放以来，中国建立起一套较为完备、高标准的知识产权法律体系，走过了发达国家通常几十年甚至上百年才完成的立法进程。中国不断加强知识产权司法保护，成为世界上审理知识产权案件尤其是专利案件最多的国家，处理涉外知识产权案件的审理周期是全世界最短的之一。中国实施行政、司法双轨制保护，知识产权权利人不仅可以寻求司法保护，还可以寻求行政保护。2018 年，中国对外知识产权付费高达 358 亿美元，已成为全球第四大专利进口国，正是中国的巨大市场和平等交换，使各国知识产权价值得以充分实现。当然，我们和其他国家一样，在知识产权保护上仍需加倍努力。

产权保护特别是知识产权保护是营造良好营商环境的重要方面。扩大新一轮高水平对外开放呼唤我们更加严格保护知识产权。我们要以习近平总书记重要讲话精神为指引，进一步营造尊重知识价值的营商环境，引导企业、社会团体、个人包括公职人员更加遵守契约精神。要全面完善知识产权保护法律体系，修订相关法律法规规章和规范性文件，确保技术转让基于自愿和市场规则，杜绝强制技术转让，减少外资股比要求，消除扭曲市场的不合理做法和规定。要依法惩处侵犯外商知识产权行为，引入惩罚性赔偿制度，显著提高违法成本。要加强知识产权保护统筹协调，相关部门齐抓共管，完善行政和司法衔接，强化执法，简化维权程序，降低维权成本，加大保护力度。依法加强对中外创新主体知识产权包括商业秘密的保护，有利于优化营商环境，激发创新活力，有利于推动我国从知识产权消费大国向生产大国转变。

知识产权保护没有最好，只有更好。当前，新一轮科技革命和产业变革正在兴起，全球范围内的创新合作及知识产权保护问题日益复杂，知识产权权利确认、技术扩散、惠益分享等是世界各国共同面临的现实问题。我们鼓励支持中外企业在自愿和市场规则基础上开展技术合作，实现互利共赢。我们愿与各国和各有关国际组织一道，加强知识产权战略协同、法律协调、政策对接，加强知识产权执法经验交流和信息交换，开展执法协作，努力构建开放包容、平衡有效的国际知识产权保护制度，坚守知识产权制度推动创新发展和促进技术转让的宗旨，让创新创造为世界经济注入更强劲动力，为各国发展开辟更广阔空间。

（原载《人民日报》2019 年 4 月 28 日第 4 版）

中国市场 世界机遇

——三论学习领会习近平主席在第二届“一带一路”国际合作高峰论坛开幕式上关于扩大对外开放的重要讲话精神

人民日报评论员

海纳百川，有容乃大。在第二届“一带一路”国际合作高峰论坛开幕式上，习近平主席提出中国将更大规模增加商品和服务进口，向世界释放中国主动扩大进口、促进贸易平衡、对外开放不止步的坚定信心。

今天的中国既是“世界工厂”，也是“世界市场”。我国已经成为世界第二大经济体、第一大货物贸易国、第一大外汇储备国，对世界经济增长贡献率连续多年超过30%，拥有世界上规模最大的中等收入群体，人均国内生产总值即将超过1万美元，消费升级正在加速，消费增长潜力巨大。绿色、定制、智慧、差异化和高品质已成为我国消费结构升级的重要特征。预计未来15年，中国进口商品和服务将分别超过30万亿美元和10万亿美元，这些进口既有量的扩大，又有质的提升。这是世界的机遇。

主动扩大进口，是我国面向世界、面向未来、促进共同发展的长远考量，有利于更好满足人民日益增长的物质文化生活需要，有利于促进国内产业结构升级。进口产品能够增加消费者选择和福利，满足人民日益增长和多样化的生活需要，对建设高品质生活意义重大。同时，消费引导生产。通过主动扩大进口可以促进国内产业结构调整，推动制造业高质量发展，补齐产业发展短板，推动“僵尸企业”和过剩产能出清，缓和资源环境矛盾，加快建设高水平市场经济体系。

关税总水平是我国货物贸易领域开放程度的重要指标之一。我国将进一步降低关税水平，消除各种非关税壁垒，不断开大市场大门。近年来，我国大幅度下调了汽车、化妆品等进口关税，绝大多数进口药品实现零关税，实实在在降低了进口商品价格，提升了人民群众的获得感和幸福感。目前我国关税总水平已降至7.5%，低于发展中国家平均水平。下一步，我国将进一步降低关税，不采取扭曲贸易的非关税措施，为中外企业提供公平、有效、非歧视的市场参与机会和准入待遇。

众所周知，有卖才有买、有买才有卖。我们不刻意追求贸易顺差，致力于促进贸易平衡发展。我们欢迎来自世界各国的高质量产品，愿意进口更多国外有竞争力的优质农产品、制成品和服务，使我国市场成为国内外高质量产品的常态化博览会。我们呼吁发达国家抛弃不合时宜的高技术产品出口限制。有的国家既要减少逆差，又要限制出口，那是南辕北辙。要看到，越是高技术产品，精神磨损越快。只有把先进、优质且有竞争力的产品及时拿出来，才能在更高水平上实现贸易平衡和互利共赢。

开放不是单行道，开放应是双向的。中国企业期望平等进入对方市场。我们希望各国公平对待中国产品，公平对待中国投资者，公平对待中国留学生和学者，为他们正常开展经贸合作和人文交流创造良好环境条件，这样才能构筑起共同繁荣的利益共同体、责任共同体、命运共同体。

（原载《人民日报》2019年4月29日第3版）

为全球经济治理贡献正能量

——四论学习领会习近平主席在第二届“一带一路”国际合作高峰论坛开幕式上关于扩大对外开放的重要讲话精神

人民日报评论员

“全球化的经济需要全球化的治理。”习近平主席在第二届“一带一路”国际合作高峰论坛开幕式上强调，中国将更加有效实施国际宏观经济政策协调。这是新时代我国对外开放的新要求，也是我国在全球经济治理变革面临新挑战新机遇的形势下作出的重要承诺。

今天，随着贸易、投资、金融全球化程度加深，国与国经济联系日益紧密，变得一荣俱荣、一损俱损。面对世界百年未有之大变局、面对全球经济治理中与日俱增的风险挑战，我国发挥什么样的作用，既是全世界关注的焦点，也是摆在我们面前的重要课题。作为全球第二大经济体，作为全球供应链、产业链、价值链的重要组成部分，我国经济与全球经济深度融合，我国经济金融稳定与国际经济金融稳定的相互影响和反馈效应日益增强，做好全球经济治理和国际宏观经济政策协调，已经成为我国经济治理和宏观调控的必然选择。

作为开放大国，我国将实施有利于自身和国际经济稳定的宏观经济政策，加强同世界各主要经济体的宏观政策协调，努力创造正面外溢效应。中国不搞以邻为壑的汇率贬值，不把汇率用于竞争性目的。中国坚持市场化改革方向，不断完善人民币汇率形成机制，使市场在资源配置中起决定性作用，由市场供求决定汇率水平，扩大汇率弹性，保持人民币汇率在合理均衡水平上的基本稳定。这既有利于提高货币政策自主性，发挥国际收支自动调节机制，也有利于推动全球经济实现均衡发展。我国将增强宏观政策透明度和可预期性，提高统计数据质量，及时公布相关数据，使市场主体更有效地形成理性稳定预期。

作为负责任大国，我国将主动参与国际规则制定，共同构建更高水平的国际经贸规则。我国积极支持和参与世贸组织改革，维护开放、包容、非歧视等世贸组织核心价值和基本原则。包括世贸组织改革在内的全球经济治理体系变革，不能推倒重来、另起炉灶，而应在现有基础上创新完善，使世界贸易组织更好适应全球贸易发展的需要，更加平衡地反映大多数成员意愿和利益。我们将一如既往严格遵守国际规则，履行国际义务，积极推进国内相关体制改革和国内国际经贸规则衔接，在遵守国际规则过程中体现大国担当、大国信用。

作为发展中大国，我国坚持把发展作为第一要务，着力办好自己的事。我们要统筹国内国际两个大局，深入贯彻创新、协调、绿色、开放、共享的发展理念，深化供给侧结构性改革，推动高质量发展。要全力以赴打好精准脱贫攻坚战，解决剩余的绝对贫困问题。要践行“绿水青山就是金山银山”理念，打好污染防治攻坚战，促进生态环境状况持续改善。要认真落实巴黎协定，积极参与应对全球气候变化。我国这样拥有近 14 亿人口的大国，办好自己的事，既是对自己负责，也是对世界的巨大贡献。

我国是全球第二大经济体，又是世界上最大的发展中国家。总量的庞大和人均发展水平不高并存，是我国的特殊国情。我们理解世界各国对我国的期待，愿意承担与自身能力相符的责任，提供更多国际公共产品。中国将以更加开放、务实的态度，坚持知行合一，积极担当作为，做全球经济治理体系的建设者，努力为解决全球治理赤字、信任赤字、和平赤字、发展赤字贡献中国智慧、中国力量。

（原载《人民日报》2019 年 4 月 30 日第 2 版）

后记

“一带一路”已经成为全球瞩目的热词，不论身在国内，还是远在海外，都能切实感受到这一伟大倡议带来的深远影响。丝路国际智库交流中心和丝路青年论坛精心策划、组织、征集“一带一路”沿线国家领导人高端访谈稿件，并书面采访了多位中外大使，他们都畅谈了自己眼中的“一带一路”，特别是各位外国驻华大使，还全面论述了他们的祖国与中国在共建“一带一路”中的新机遇。来自不同文化背景、拥有多元思维视角的各国领导人和中外使节们在《我们的“一带一路”》中相聚，共同分析我们所面临的挑战，探讨如何建立一个美好的世界和更加美好的未来。书中内容不仅在国家层面就目前的国际形势探讨了“一带一路”所取得的成就；更从经世济民的角度，为“一带一路”政策惠及更多的国家与人民提出了切实可行的建议。希冀通过这种中外思想与文化交流的努力，为共建“一带一路”带来更多的共识与合力。

本书内容分为“一带一路”高端访谈、中外大使谈“一带一路”、媒体聚焦“一带一路”等板块。在编写过程中，得到了多位大使及外交官的大力支持。

各相关负责人高度重视，积极配合，是他们对本书的所有文字进行了精心的润色与修改，才使本书得以精彩地呈现在广大读者面前；与此同时，本书的出版，得到了中共中央机关刊《求是》杂志社主管、以全国广大党员领导干部为主要读者对象的中央级品牌出版社——红旗出版社的大力支持，副总编辑毛传兵、编审肖景华和首席编辑张明林等同志，都为本书的出版付出了艰辛的劳动，在此一并谨致衷心谢忱。

书中不足之处恳请读者指正，激励我们不断学习进步。